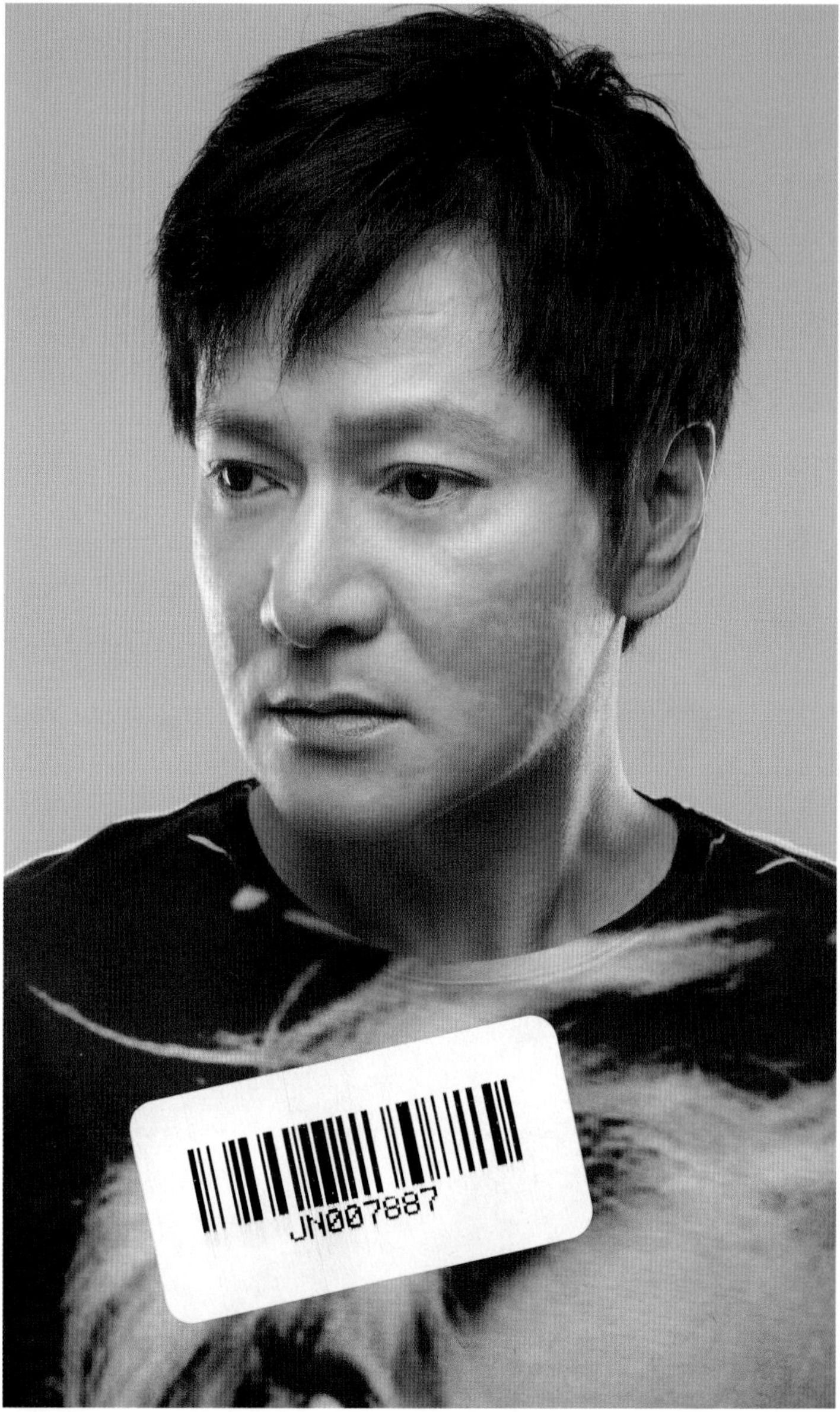

ばあばは、だいじょうぶ

10万部のベストセラー絵本『ばあばは、だいじょうぶ』を映画化。認知症になった大好きなおばあちゃんの姿を、小学生の男の子の視点から描いた作品。

2018年ミラノ国際映画祭W受賞
最優秀主演男優賞〈寺田 心〉& 最優秀監督賞〈ジャッキー・ウー〉
毎日生まれ変わったつもりで生きていけば……。
忘れる病気《アルツハイマー》のばあばが教えてくれた
忘れられない物語。
ばあばは、だいじょうぶ
ジャッキー・ウー監督作品
冨士眞奈美　寺田 心／平泉 成
監督：ジャッキー・ウー
10万人以上が泣いた第3回「児童ペン賞」童話賞(2017年)を受賞した絵本が感動の映画化

イタリア・ミラノ国際映画祭
★最優秀外国映画監督賞
★最優秀外国映画主演男優賞
（寺田心）

「かわいい」イメージを脱却し、感情を爆発させる自然な演技で主演男優賞をとった寺田心くん（右）と、卓越した演出力で監督賞を受賞したジャッキー

ジャッキー独自の演出法で、認知症になり、困惑するおばあちゃんを見事に演じた冨士眞奈美さん

キセキの葉書

難病の娘を抱え、認知症という病も併発した郷里の母に13年間で5000枚もの葉書を送り続け、自身も成長していく女性の実話に基づくヒューマンドラマ。

スペイン・マドリード国際映画祭
★最優秀外国映画監督賞
★最優秀外国映画主演女優賞

監督賞と主演女優賞のＷ受賞に喜ぶジャッキーと鈴木紗理奈さん

女優としての素質を見抜き、バラエティで見せる顔とは違う面を引き出したジャッキーと、繊細な演技を披露した鈴木紗理奈さん

TOMODACHI

フィリピンを舞台に戦時中、現地の人々に「トモダチ」と慕われていた雑貨商の日本人が戦争の悪化により悲劇を迎える様を描く、日本・フィリピン共同製作映画。

イギリス・ロンドン国際映画祭
★最優秀外国映画主演男優賞
京都国際映画祭
★特別招待作品
スペイン・マドリード国際映画祭
★最優秀外国映画賞
★最優秀映画音楽作曲賞

日本人の雑貨商を演じたジャッキー。この演技が高く評価され、主演男優賞を受賞した

2つの国際映画祭で、主演男優賞、映画音楽作曲賞を受賞した

映画のワンシーン

DEATH MARCH

太平洋戦争中、ルソン島で多くの犠牲者を出した「バターン死の行進」を描いた作品。主役の日本人兵を好演した。カンヌ国際映画祭ある視点部門入選。

フランス・カンヌ国際映画祭
★ある視点部門入選
韓国・釜山国際映画祭
★特別招待作品

カンヌ国際映画祭で入選。
レッドカーペットの上で

日本兵の役で迫真の演技を披露した

HARUO

犯罪組織から足を洗い、行商人となって罪の償いをするハルオだが、悪の世界が彼を離さない。その狭間で苦悩する男を繊細に演じ、数々の賞を受賞した。

フランス・ニース国際映画祭
★最優秀外国映画主演男優賞
★最優秀映画音楽作曲賞
NY マンハッタン国際映画祭
★最優秀外国映画賞
★インディペンデンス部門グランプリ賞
★グローバルワールドベストアクター賞
フィリピン・ヤング・クリティクス映画祭
★ベスト・フィルム賞

2つの国際映画祭で、主演男優賞を受賞。海外での俳優としての名声を確かなものとした

ジャッキーが得意とするアクションで、観客を魅了した

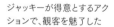

Panaghoy sa Suba
河の呼び声

日本の占領下のフィリピンで、人々の生活に重要な役割を果たしている河のそばの村を舞台にしたラブ・ストーリー。日本兵の役を演じ、高く評価された。

フランス・カンヌ国際映画祭
★特別招待作品
東京国際映画祭
★アジアの風部門参加
シカゴフィリピーノアメリカン映画祭
シネマニラ映画祭
メトロマニラフィルムフェスティバル
★最優秀作品賞他最多7部門受賞

ALAB NG LAHI/RACE OF FIRE
アラブ・ナン・ラヒ/戦場の友へ

戦後のフィリピンで農民を解放しようとするゲリラと心を交わし、ともに戦う敗残日本兵を演じた。エンディングテーマを作詞・作曲し、ゴールド・ディスク賞を受賞。

福岡国際映画祭
★特別招待作品
フィリピン・マニラフィルムフェスティバル
★主演男優賞ノミネート作品
フィリピン音楽部門
★ゴールド・ディスク賞受賞

KAIKOU

崩壊寸前の家族が夫の赴任地フィリピンで遭遇する不可思議な出来事を描いたファンタジーホラー。名高い国際映画祭でいくつもの賞を受賞した。

ドイツ・ベルリン映画監督国際映画祭
★最優秀外国映画監督賞
NY マンハッタン国際映画祭
★最優秀外国映画監督賞

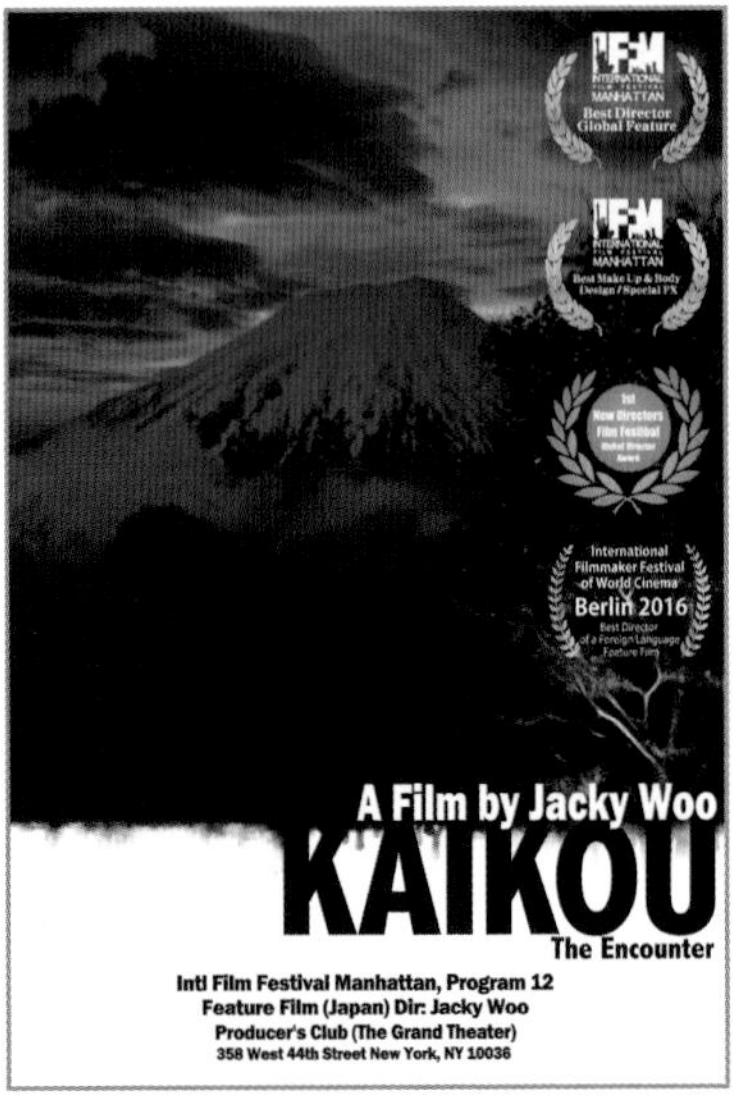

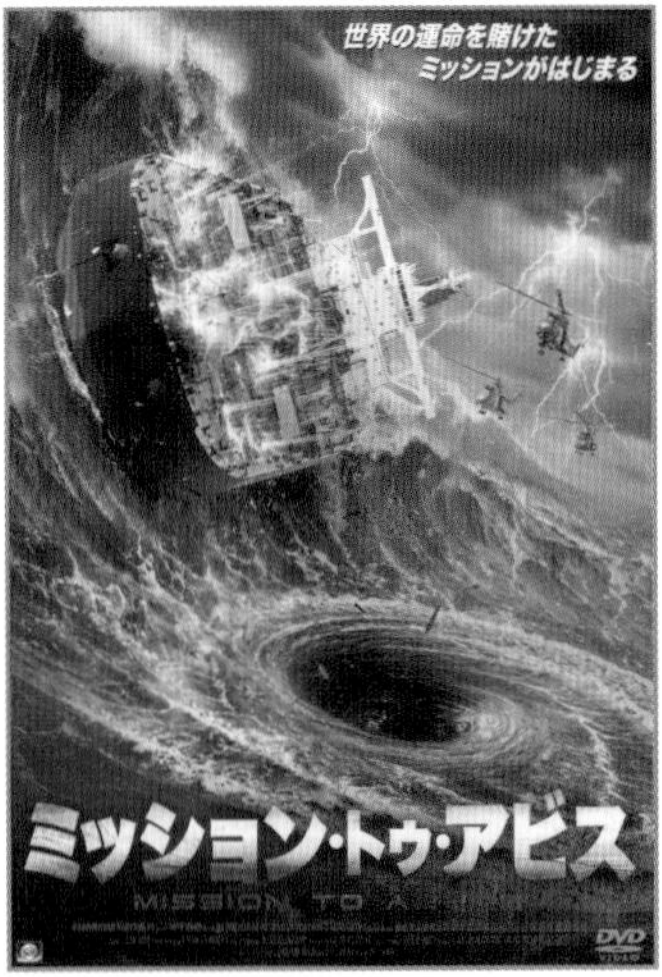

ハリウッドデビュー作（2011）

日本人役として声がかかり、ハリウッド・デビューを果たした

香港・中国合作映画出演（2004）

ジャッキーの名を世界に知らしめた作品。主人公・白道士の弟子の役を熱演した

キセキを起こす人になれ

ジャッキー・ウー

GENTOSHA

はじめに

ぼくの名前はジャッキー・ウーです。「いったい何者?」と思った人も多いことでしょう。祖父が中国人で、祖母は日本人。なので、ぼくの父親は中国人と日本人とのハーフ。ぼくの母親は日本人なので、ぼくは中国人のクォーターです。つまり、中国人の血が4分の1入っていますが、国籍は日本です。
日本名もありますが、今はジャッキー・ウーの名で、映画監督、俳優、プロデューサー、歌手として世界を舞台に幅広く活動しています。

最近は監督として映画を撮ることが多く、2017年7月に開かれた「マドリード国際映画祭」で鈴木紗理奈さんを主演に迎えた映画『キセキの葉書』で最優秀外国映画監督賞と最優秀外国映画主演女優賞をW受賞。翌年の2018年12月には「ミラノ国際映画祭」で、寺田心くんと冨士眞奈美さんが共演した映画『ばあばは、だいじょうぶ』で、最優秀外国映画監督賞を受賞。この映画で寺田心くんは10歳にして最優秀外国映画主演男優賞を受賞しています。

俳優としてはフィリピンでの主演映画が多く、演技賞も数多く頂戴しました。2010年にはフィリピンの「WALK OF FAME」に名前を残すという栄誉にもあずかりました。これはハリウッドにあるスターのプレートと同じようなもので、ぼくの名前を刻んだプレートが歩道に埋め込まれています。

もともとは香港から俳優デビューしたかったのですが、紆余曲折あり、結果的にぼくの俳優人生はフィリピンからスタート。そこからアジア各国に名前が知られるようになり、2004年には中国と香港の合作映画『少林キョンシー』に出演。ぼくは主人公である白道士の弟子の役で得意のアクションを披露しました。この映画は中国で大ブームを巻き起こし、世界60カ国で公開されましたが、名前も中国人っぽいし、中国語のセリフだったので、ぼくを日本人だと思った人はいなかったのではないでしょうか。

この映画がハリウッド関係者の目に留まり、晴れてハリウッド・デビュー。映画『炎のランナー』で主演したベン・クロスとの共演で『ミッション・トゥ・アビス』という映画に出ています。

2015年には日本・フィリピン合作映画『TOMODACHI』で主演を務め、映画音楽を作っています。これは「ロンドン国際映画祭」で最優秀外国映画主演男優賞・映画音楽作曲賞をいただきました。

実は、日本のテレビドラマにも出演しています。2009年から2011年にかけて放送されたNHKのスペシャルドラマ『坂の上の雲』を覚えているでしょうか。明治時代の海軍と陸軍で活躍した秋山真之・好古兄弟を描いたものです。

ぼくは清の最高権力者・袁世凱の息子役で、日本語の通訳として父親に同行するという役柄でした。ぼくにとって日本語は母国語、中国語が外国語だったのですから、通訳として日本語を話すのはまったく問題ありませんでした。

実は、ぼくを起用してくれたNHKのプロデューサーは、ぼくを香港の俳優だと思っていたようです。『少林キョンシー』を見て、直接オファーをくださいました。

その後もＮＨＫとは縁があり、２０１１年にＢＳプレミアムで放送された時代劇『塚原卜伝』では、主人公の剣豪・塚原卜伝の最初のライバルとして登場。アクション場面では当時の日本の殺陣にはなかった、くるりと回転して刀を振るうという、独特な動きをしています。

さて、日本人なのに日本名を使わず、ジャッキー・ウーと名乗ることになったのはなぜなのか、ぼくの生い立ちから話をしていきたいと思います。そして、ぼくの生き様、夢を追い続け、夢を実現し、今でも新しい夢を追いかけているぼくという男を知ってもらえれば、こんな嬉しいことはありません。

ジャッキー・ウー

キセキを起こす人になれ　目次

第2章 人生における成功

第3章 平和への祈り

第4章 人生を輝かせる

装丁　石川直美（カメガイ　デザイン　オフィス）
ＤＴＰ　美創
編集協力　佐久間真弓
井手晃子
協力　いとうなな（プロデューサー）
阿部容子（制作協力）

第1章
自分を生きる

自分のアイデンティティに悩んだ子ども時代

　ぼくの祖父は中国人で、ぼくは日本で生まれた中国系3世、クォーターです。父は横浜の中華街で中華料理店を営んでいました。当然、生まれも育ちも中華街です。

　中華街というと中華系の人間ばかりが暮らしていると思うかもしれませんが、さにあらず。同じ中華系でも、大陸の中国人もいれば、台湾人もいます。その周辺にはアメリカ人やイタリア人、ドイツ人などの欧米人も住んでいます。実に国際色豊かな地域なのです。

　その歴史をたどれば、横浜が開港した当時、最初に住み始めたのがフランス人で、イギリス人、アメリカ人と次々と欧米人が中国人を伴ってやってきました。その中国人の中には香港・広東・上海の西洋商館で働いていた人もいたので、西洋の言葉を話すことができた上、日本人とは漢字で筆談ができたので、欧米人と日本人の間で生糸などの貿易の仲介役を担っていました。第二次世界大戦後は横浜も焼け野原となりましたが、その頃には2000人近い中国人が住んでいて、すぐに復興に取りかかったのです。昭和30年には牌楼《パイロウ》（門）が建てられました。その門に書かれていたのが中華街という文字。それからは中華街として知れ渡り、栄えてきたのです。

こうした歴史があるので、中華街周辺には中国人はもちろん、欧米人も多く住んでいました。家の近くにはアメリカンスクールもありましたが、ぼくは普通の日本の小学校に通っていました。けれどその学校では中華系や欧米系の子どもたちも多く学んでいたのです。いろいろな人種の子どもたちがいて、さぞかし賑やかでいいだろうと思うかもしれませんが、とんでもない。ぼくにとっては苦労の連続でした。

学校の帰りに中国人の友人と歩いていると、台湾人の友人が口をきかなくなったり、イタリア人やドイツ人の友人とサッカーをやっていると、翌週、アメリカ人との野球大会に出られなくなったりしました。戦争中、イタリアやドイツはアメリカの敵国だったので、そんなことが影響していたようです。当時はまだ、国同士の関係が子どもの世界にも影を落としていたのです。

小学校の運動会のとき、よく万国旗が飾られますが、ある国の旗がなかったために親しくしていた友人家族が帰ってしまったこともありました。そんな運動会なんて、楽しいはずがありません。「どうして、学校は友人の国の旗を用意しなかったんだろう」と、とても悲しかった思い出があります。

学校でも個人と個人の付き合いというより、異文化と異文化がぶつかり合うことの方が多く、争い事が絶えませんでした。そんななかで、ぼくはというと、みんなと仲よくなりたかった。

「この国のあいつと、あの国のあいつと一緒に遊ぶためにはどうしたらいいんだろう?」と、そんなことばかり考えていました。子どもの頃から異文化交流のむずかしさに直面していたと言っていいでしょう。

国と国との微妙な関係は、我が家にも入り込んでいました。当時は男子バレーが人気で、日本対中国の試合を見ていたときのことです。最初、中国が優勢だったのですが、後半、日本が中国に逆転勝ちしたのです。ぼくは思わず、やったー！　と手を叩きました。すると、父がムッとした顔をして出て行くではありませんか。ぼくは「まずいことをしたのか」と悲しくなりました。

日本で生まれ、中華街で育ったぼくは、国籍は日本でしたが、実際のところは日本人でもあり、中国人でもあるという宙ぶらりんな人間だったのです。

気持ちを譲り、最後に残ったのが自分の個性

現実の国際社会でも国と国との対立がありますが、中華街という小さな街のなかにも歴然とした差別がありました。

あるとき、中国人の友人から旧正月のお祝いに誘われて自宅に行くと、彼の父親から「きみは違うだろ」と言われ、お祝いの席に参加させてもらえなかったことがあり

ます。生粋の中国人ではなかったからでしょうか。

夏休みにあった盆踊り大会のときには、こんなこともありました。日本人の母親に浴衣《ゆかた》を着せてもらい、見よう見まねで夢中で盆踊りを踊っていると、同級生の日本人のお母さんに「きみはその列に入らないで」と言われたのです。おそらく町内会などの関係だったのかもしれませんが、当時は生粋の日本人ではないからなんだとぼくには思えたのです。

「いったい、ぼくは何人なんだろう？」

小学生の頃からぼくは人種の荒波にもまれ、悩んでいたのです。


そんなぼくに決定的な出来事が訪れました。あるとき、学校で「きみは純粋な日本人じゃないから、いくらがんばっても100点をあげられないよ」と言われたのです。そのときのショックと言ったら、言葉では言い表せません。

「ぼくが一生懸命がんばっても、クォーターというだけで100点はもらえないんだ」

そう思ったら、すべてがむなしくなりました。と同時に、「じゃあ、自分はどうすればいいのだろう。自分のホームはどこにあるんだろう」と改めて考えるようになったのです。

日本人だと思っていたら、日本人じゃないと言われ、それなら中国人かといえば中国人でもないと言われる。そうやって、どんどん譲れるものを譲っていったら、最後に残るものは何だと思いますか？

それは自分自身の『個性』です。「ぼくはこう考える、ぼくはこう思う」という自分のキャラクター。これだけは誰にも譲れないし、無理矢理はがそうとしてもはがれるものではありません。自分のルーツに固執せず、相手に譲ることで、かえって自分自身が研ぎ澄まされたと言ってもいいでしょう。

「日本人らしく生きなくてもいいんだ。かといって、中国人らしく生きるのでもない。自分らしく生きれば、何人であってもいいじゃないか」

そう思ったら、悩みがスーッと消えていきました。今、ぼくはジャッキー・ウーと名乗っています。日本名もありますが、この呼び名が気に入っています。

ウーは父親の中国名で、ジャッキーは好きな俳優から取っています。そう、香港のアクションスター、ジャッキー・チェンです。ブルース・リーも好きですが、ここはジャッキー・ウーとゴロの良いほうにしました。

個人ではなく、国を背負っていた中華街の人々

ぼくが子どもの頃、近所に住む日本人の乾物屋の息子に、学校の帰り道に裏道に連れ出され、シャッター棒で殴られるという事件がありました。こっちは素手で何も持っていなかったから、殴られっぱなし。

顔や手足に傷をつけて帰宅すると、父親に「どうした?」と聞かれ、事の始終を話すと「やり返してこい」と言うのです。ぼくは人を殴るなんて怖いことはしたくなかったのですが、「殴ってこなかったら家に入れない」と言われ、渋々、うちの店のシ

ャッター棒を持って出かけました。

相手は同じ町内会の人間でもあります。「そんなことしてもいいのかな」と思いつつ、お店の前まで行くと、当の本人はもう自宅のなかに入っています。しかたなく、店先に並べられた卵を全部割りました。

やり始めると止まらなくなるんですね。そうしたら、町内のおじさんがやってきて「何しているんだ、おまえ」と言って止められました。ぼくとしては、やることはやったと思い、自宅に帰って父親に「やり返してきたよ」と報告したのです。父は父で中国人としてのプライドを保ちたかったのかもしれません。

そもそもの原因は何だったのか、よく覚えていません。それほど些細なことだったのでしょう。おそらく、乾物屋の息子は生粋の日本人だったので、彼は彼なりに中国人に対して「こいつら、よそ者じゃないか」という想いがあったのかもしれません。

ぼくは相手が何人であっても構わないというスタンスでしたから、そういう人との付き合い方が気にくわなかったのかもしれません。中華街には意識してもしなくても、国と国との微妙な関係が色濃く反映されていたのです。

誰かと誰かがケンカをすると、「日本人のあいつ」と「イギリス人のあいつ」がケンカしたという言い方をするのです。いつも国がついて回りました。日本という国に住んでいながら、常に国を背負っているという感覚がありました。

ところで、ぼくは3人兄弟の真ん中で、ぼくら兄弟は三者三様の育てられ方をしています。兄はずっと日本の小学校、中学校、高校、大学と行き、友人のほとんどは日本人です。ぼくも日本の公立学校に行きましたが、日本人でもあり、中国人でもあり、両方の間を行き来し、外国籍の友人がたくさんいました。ところが、弟は違いました。最初からアメリカンスクールに行き、アメリカの大学に入り、今は日本に戻って仕事をしています。おそらく兄やぼくの学校でのいざこざを見て、両親は弟を最初から日本人としてではなく育てようと思ったのかもしれません。

日本人だけでなく中国人や他の国の人とも仲よくしているぼくを見て、父は自分の中華料理店をぼくに継いでほしかったようですが、ぼくにはやりたいことがあり、それを貫くことになったのです。

真ん中がジャッキー少年

幼少時代

「できるか、できないか」ではなく、「やりたい」かどうかで決める

ぼくはクォーターですが、友人のなかにはハーフの子も多くいました。外国人の血を引いていると、背が高かったり、運動神経がよかったりします。男子ならイケメンだったり、女子なら美人だったり。違う国の血を引いていることで個性も強くなります。彼らはとても目立つ存在でした。

けれども、日本の学校ではそうした個性を殺していました。隠していたと言ってもいいでしょう。なぜなら、日本人の同級生からやっかみや差別があったから。

運動会では、黒人と日本人のハーフの子は、少しスピードを落として走っていました。運動神経バツグンの彼は筋肉の質が違い、足が速いのは当たり前です。でも、その子がダントツで優勝したら、その場の空気がしらけてしまうと思ったのでしょう。当時はそんな空気感があったのです。

こうした人の目を気にするような環境では、優秀であるよりも普通であることの方が重要だったのです。「できること」「人より優れていること」は必ずしもいいことではなかったのです。

その中にいて、ぼくは自分探しをしていました。そして一つの結論にたどり着いたのです。

多くの人たちは「できるか、できないか」をいつも気にしています。学校でも「できる」ことが評価されます。

けれども、ぼくは「できる、できない」ではなく、「やりたいか、やりたくないか」で物事を決めていこうと思ったのです。

「できるか、できないか」で物事を判断している子どもは、できないことなど、ハナからやったりしません。できることをやるわけですから、できるに決まっています。いわゆる「いい子」と言われる子どもは「できる子」が多いのですが、それは、親や先生の言うことに逆らわず、彼らがほめてくれる「できること」だけやっているから、いい子なのです。

ぼくが思うに、犯罪を起こす人のなかには「いい子」だった人が意外に多いのではないでしょうか。悲惨な事件があったとき、近所の人にインタビューすると、多くの場合、「子どもの頃はいい子で、礼儀正しかったのに。どうしてそんな事件を起こしたのか、理由がわからない」と言います。

「いい子」というのは装っているのだと思います。本当は胸のなかに別の想いを秘めているかもしれない。それを世間には隠している。「いい子」はいつか爆発します。世間の評価を気にして我慢しているから。それがどういうふうに爆発するかは人それぞれですが、なかには犯罪に走ってしまう人もいるのでしょう。

多くの人は大人になっても「できるか、できないか」を気にします。けれども、ぼくは「やりたいか、やりたくないか」を判断基準にしています。「できるか、できないか」で行動する方が楽に違いありませんが、それで楽しいでしょうか。楽だということと楽しいは違います。しんどくても「やりたいか、やりたくないか」で行動する。それが夢をつかむ第一歩なのではないかと思います。

今あなたが何か新しいお稽古事を始めようと思ったとして、できるかできないかで決めるのではなく、やりたいかどうかで是非決めてほしい。きっとその方が楽しいし、あなたを輝かせてくれると思うのです。

「できるか、できないか」という方程式を捨てる

ぼくは中華街という人種のるつぼのようなところにいて、文化と文化がぶつかり合い、相手と仲よくなるためには相手の文化に合わせるしかありませんでした。つまり、「おまえの国のやり方に合わせるよ」ということです。そうやって相手に合わせてどんどん譲っていって、最後に残ったのが自分の個性だったわけです。

それは、たとえば、セクシュアル・マイノリティの人たちにも当てはまるかもしれ

ません。自分は何者なのかと悩み、一つひとつの選択肢を消していった末に自分のなかの女性性だったり、男性性だったりというセクシュアリティに行き当たる。そうやって自分が何者なのかがわかるのではないでしょうか。

今、自分の人生について悩んでいる人がいたら、まず、「できるか、できないか」という方程式を捨ててほしいと思います。そんなことで、自分の個性は見つけられないからです。

そうではなく、「今、やりたいことは何なのか」に焦点を当てるべきです。あれもこれもと一つに絞れないのは、まだやりたいことが漠然としているからでしょう。そうであるなら、一回、すべてを捨ててみることです。そこから湧き上がってくるもの、どうしてもやりたいものが現れてくるはずです。

決して家族や友人、他人の意見に流されてはいけません。自分の心に問いかけるのです。本当にそれがやりたいのか、真剣に考えます。

たとえ失敗してもやりたいことなのか、考え抜くのです。なぜなら、できることをやるのではなく、やりたいことをやるからです。最初からうまくいくはずがありません。何の訓練も受けていないのですから、失敗する確率の方が高いでしょう。

失敗は覚悟の上で、やりたいことをやる。自分に才能があるかどうかなんて、やってみなければわかりません。たとえば、子育てが終わって新しいことに挑戦しようと思ったとき、できないと恥ずかしいからと、これまでやってきたこと、できたことのなかから選ぼうとする人が多いことでしょう。そうではなくて、やりたいことから選んでみてください。初めてですから最初からうまくいくわけがありません。それでも、やりたいこと、好きなことなら苦にならないものです。これまでの成功体験の方程式は捨てて、新しい自分を見つけましょう。

子ども時代に見つけた自分の好きな道

ぼくが最初に見つけた「やりたいこと」はダンスでした。中華街一帯の隣町に本牧というところがあり、そこに米軍の住宅街があったのです。周辺はフェンスで囲まれていて、日本人は入ることができませんでした。

けれども、ぼくにはアメリカ人の友人がいたので、こっそり忍び込むことができたのです。そこは日本とは別世界でした。ファッションも食べ物も、初めて見るものばかり。「何だ、このでっかいハンバーガーは？」「ピザって、こういうものだったのか」と目を丸くしたものです。

なかでも、ぼくの心をとらえたのは音楽とダンスでした。ダンスパーティに潜《もぐ》り込むと、そこには16ビートの音楽で踊るアメリカ人たちがいたのです。日本の歌謡曲にはないリズムにぼくは魅せられました。こんな音楽があるのかと本当に驚いたのです。

それからはダンス三昧です。アメリカ人の友人に連れられてダンスパーティに行っ

ダンスと音楽に目覚め、ダンス大会などのイベントに参加するようになった20代前半

ダンスの世界で頭角を現し、その名が知られるようになった

てはリズムを覚え、ダンスを自己流で学びました。目で見て覚えたのです。そうやって小・中学校とダンスに明け暮れました。

「好きこそものの上手なれ」という諺《ことわざ》があります。自分で言うのも何ですが、めきめきと上達し、自分でダンスの振り付けを考えたりもしました。

そしてダンスの大会に出るとなんと優勝したのです。すると、賞金が出る。これは嬉しかったですね。そうやって、あっちのダンス大会、こっちのダンス大会と出場しまくりました。そのとき一緒に踊っていた仲間には、TRFのSAM、後輩にはEXILEのHIROもいます。

ダンスで脚光を浴びるようになると、イベントにも呼ばれるようになり、ギャラも出ました。好きなダンスでお金をもらえるのですから、こんな嬉しいことはありません。

けれども、ぼくのやりたいことはダンスだけではありませんでした。ぼくの祖父はカンフーが好きだったそうで、家にはカンフーの写真がたくさんあり、よくマネをしていました。そのせいか、カンフーの動きは身体《からだ》に染みついています。ダンスとカンフーは、案外、似ているところがあるのです。体幹の移動が基本だというところなどは、同じと言っていいでしょう。体幹がしっかりしていないとダンスではよろけてしまうし、カンフーも決まりません。

自分が中国人のクォーターだからというわけではありませんが、日本でアクション俳優になるという発想はありませんでした。ぼくの周りは外国人やハーフ、クォーターばかりだったためか、日本というよりも最初から視線は海外に向いていました。そしていつしか香港のアクションスターにあこがれを抱くようになりました。

こうして、ぼくはアクションの本場、香港へと飛び立ったのです。

第2章
人生における成功

あこがれの香港で見たアクションの現実

単身、香港に渡ったぼくは、カンフーの動きは身につけていましたが、演技としてのテクニックを身につけるために、アクション・スクールを見学に行きました。香港映画と言えばアクション映画の本場だと、大きな期待を抱いていたのですが、見事に裏切られてしまいます。

当時の香港では、生身の俳優がぶつかり合うアクションではなく、ワイヤーを使って飛ばされたように見せる派手な演出が主流だったのです。衣装に白い粉などを仕込み、格闘相手の手が身体に当たるとそれが飛び散るという演出もしていました。映像的には、いかにも強い力で当たったように見えます。

これはぼくが望んでいたアクション映画ではありませんでした。香港のエンタテインメントに関心はありましたが、アクションへの興味は薄れてしまったのです。

けれども、いくつか撮影現場に足を運ぶうち、映画を作るおもしろさに開眼することになります。「役者になりたい」というよりも「映画で人々に感動や喜びを与えられる人間になりたい」と思うようになったのです。映画の影響力の大きさに魅せられたという感じでしょうか。

今、ぼくが役者、映画監督、歌手と幅広く活躍できるようになったのは、この香港での経験がもとになっています。

香港では製作側のスタッフとして映画に関わりましたが、香港はロケの撮影許可を取るのがむずかしく、なかなか思うように事が進みませんでした。かといって、日本でも撮影許可を取るのは至難の業です。

そんなとき、ジャッキー・チェンの弟子だったという女優がアクション俳優としてフィリピンで活躍していると耳にしたのです。それまでフィリピンという国がぼくの意識に上ることはありませんでしたが、俄然《がぜん》、興味を持ち、自分の目で確かめに行くことにしました。

これがぼくの運命を変えることになるとは、知るよしもありませんでした。

映画製作の穴場だったフィリピン

フィリピンに行ってみて知ったのは、撮影のロケ地として最適だということでした。その証拠に、ハリウッド映画の『プラトーン』や『ランボー』、『地獄の黙示録』などもここで撮っていたのです。

実際の撮影現場にも行きましたが、山が半分なくなるんじゃないかと思うような爆破をやったりもしていました。こんなことができる撮影現場など、他にありません。ここでは、ぼくが理想としていた本物のアクション映画の撮影も行われていたのです。

また、フィリピンは土着のネグリト人から始まり、インドやイスラム圏、中国などから新マレー人が到来。その後、16世紀にキリスト教を布教するスペイン人がやってきて統治され、19世紀に起こった米西戦争でアメリカの植民地になりました。その後の太平洋戦争では日米の戦いの激戦地となり、一時期、日本の統治下に置かれたという複雑な歴史を持っています。

そのため、どんな時代の映画でも撮影できるロケーションを持っていました。たとえば、街並みをローアングルで見るとアジアの混沌とした風景、ミディアムアングルで見ればアメリカの近代的なビル群、ハイアングルではスペインっぽいオレンジ色の屋根が続くといった具合です。映画を撮る側として、こんな魅力的な街はそうそうありません。

それに経済格差もあって撮影費用が格段に安かったのです。ハリウッド映画の撮影隊が置いていった機材もあり、大型のクレーンまで残っていました。俳優を中心にクレーンを8の字を描くように回すことも可能でした。

しかも、撮影には現地のフィリピン人もスタッフとして起用されますから、撮影の技術もあります。また、撮影現場に入ると、スタッフが気軽に「サンキュー」と言い合える雰囲気もありました。こんなに気持ちのいい環境で撮影ができたら、どんなにいいだろうと、即座にフィリピンで映画を撮ることを決めたのです。

香港からフィリピンへと、ぼくの居場所は変わりましたが、もともと根無し草のぼくです。思い通りに映画が撮れるならどこでもよかった。そして、その決断は「吉」と出たのです。

やりたいことをやるなら「失敗からのスタート」が前提

フィリピンに来て、最初からいいことづくめだったわけではありません。なにしろ、「できること」をやるのではなく、「やりたいこと」をやるのですから、リスクはつきものです。

初めてフィリピンで映画製作をしたときのこと。映画会社と契約書を交わさなかったために、途中で「資金が足りなくなったから、もう撮影はできない」と言われてしまったことがあります。

ぼくが「この金額でできると言ったじゃないですか」と抗議しても、まったくらちがあかない。そのとき、もう夜中の12時くらいでしたが、誰もいないホテルのラウンジで言い争っていたら、相手がおもむろに上着を持ち上げたのです。ズボンのベルトには拳銃が挟まっていました。黒光りした本物の拳銃です。

「これはやばい。相手は本気で殺そうとするかもしれない」

そう思ったぼくは了承せざるを得ませんでした。フィリピンは日本とは違い、銃社会なのだと痛感させられた出来事でした。結局、途中までできあがったフィルムを違う映画会社に持っていき、新たに資金を投入して完成させました。余計に費用はかかりましたが、これも勉強のうちだと諦め、フィリピンから立ち去ろうとは思いませんでした。怖い経験をしましたが、それ以上に映画作りに魅力を感じていたからです。

何事もはじめからうまくいくわけがありません。最初の3カ月間はぼられまくりで、だまされることも多かった。

こんな笑い話みたいなこともありました。

撮影をコーディネートしている人に「山の風景が撮りたい。実はこんなことをやりたいんだ」と絵コンテを見せると、「そういう山ならここから2時間ぐらい行けばあるよ」と言う。それなら行こうということになり、車酔いしそうになりながら山道をくねくねと走り、ようやくたどり着きました。

「やれやれ、やっと着いた」と思って外に出てみると、山などどこにもありません。「おい、山なんてないじゃないか」と文句を言うと、「おかしいな、この前まであったのに」と平然と言うのです。もう茫然自失。言葉もありませんでした。

日本ではあり得ないことですが、こ

フィリピンでの映画撮影中の1コマ

こで怒ってもしかたないと思い、「そうか、この間まで山があったのか。しかたないね。じゃあ、帰ろうか」と言って戻りました。そして、帰りの車中、ぼくは思いました。

「ここは日本じゃないんだから、気持ちを強く持たないとダメだ。ヒステリックになったら殺されるかもしれない」

日本人の感覚を持ち込んでもどうしようもないのです。それに、ぼくは子どもの頃からこうした経験を積んでいましたので、この程度のことでへこたれたりはしません。むしろ、がんばる

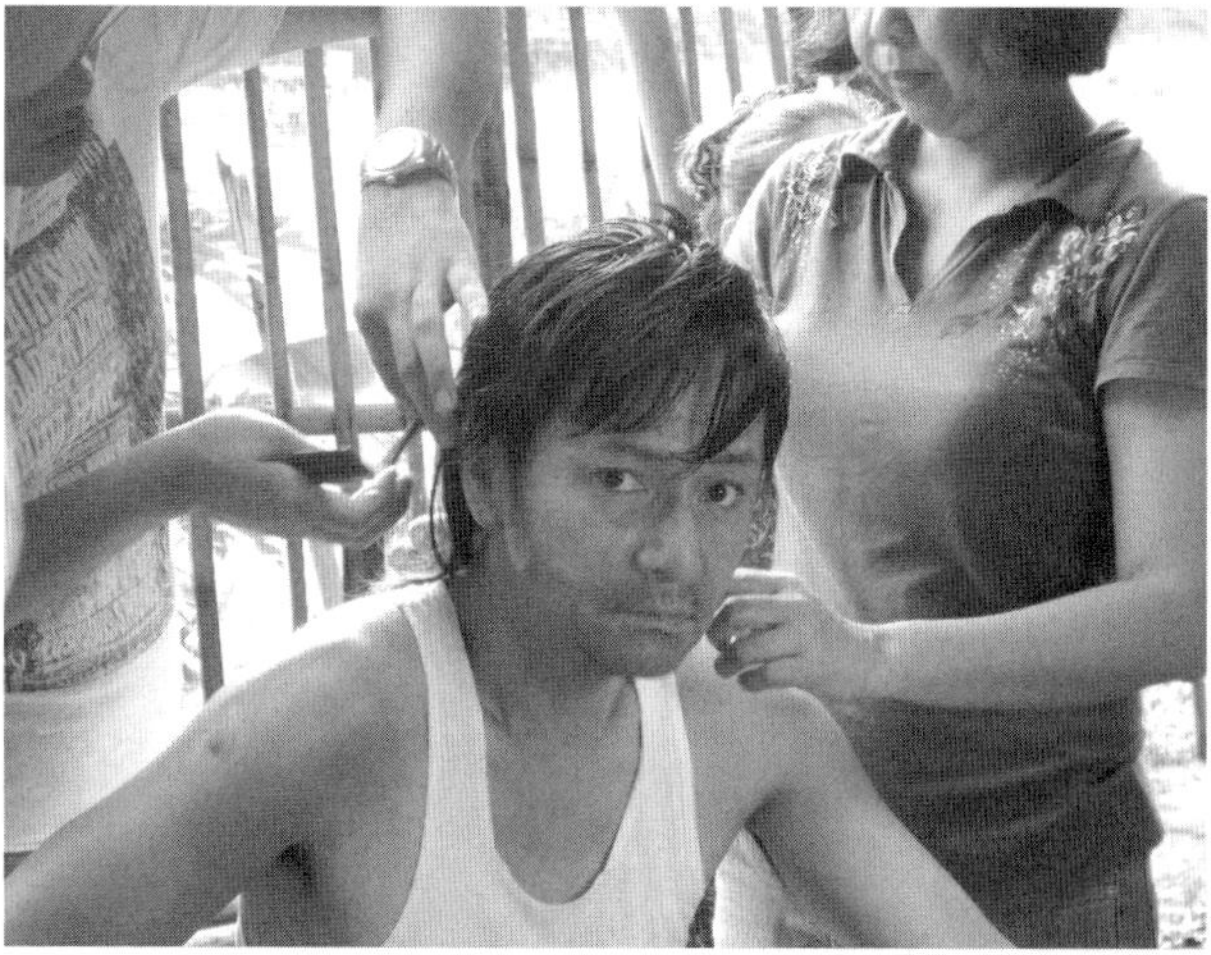

フィリピンのロケ現場で

ぞ、と闘志を燃やしたのです。

この経験で我慢することを覚えると、現地でもぼくのことを信用してくれるようになります。最初こそ製作費をぼられることがありましたが、3カ月ほど経つと通常の金額で契約することができるようになったのです。相手がローカルプライスを提示してきたからです。現地で居場所ができてきたということでしょう。

それに喜んでいたら、さらに3カ月後にはフレンドプライスにな

映画『リベラシオン』の一場面。主役の日本兵を演じた

りました。「ジャッキーだったら、この金額でいいよ」と言ってくれるようになったのです。嬉しかったですね。

この経験から「何事も3回までは我慢しよう」と思うようになりました。3カ月我慢して、また次の3カ月、次の3カ月と、結局ほぼ1年は我慢しなくてはならなかったのですが、この3つの我慢を良い経験として、「何事も少なくとも3回はトライしよう」と思えるようになったのです。

製作スタッフだったのに、突然主役に抜擢

ぼくがフィリピンに渡ったときは、「俳優になりたい」というより「製作側のスタッフとして映画に携わりたい」と思っていました。そこで、映画『TOTAL AIKIDO』(2001)の撮影現場に入ったのです。

映画のタイトルにもあるように日本人の合気道の達人が出てくる映画だったので、

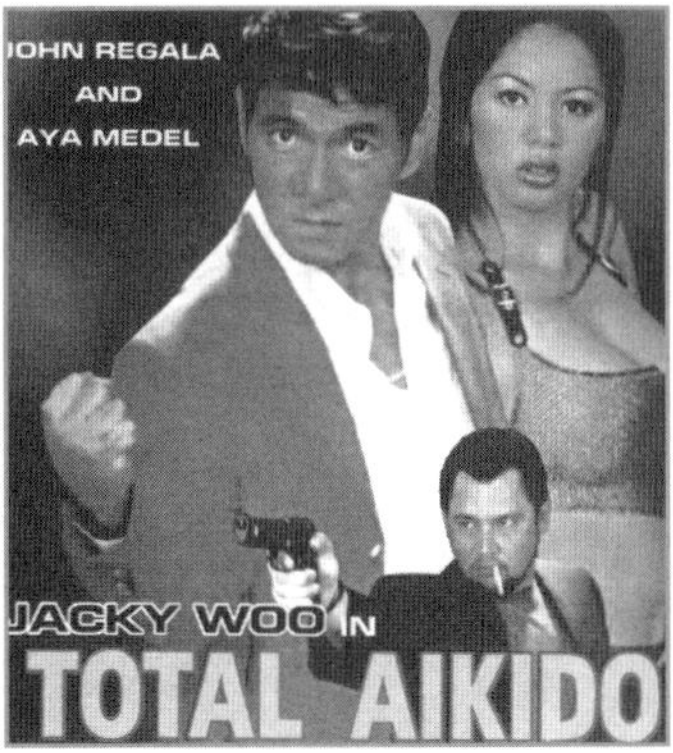

映画『TOTAL AIKIDO』を監督・主演した

まずは役者探しから関わりました。当時のフィリピンには合気道の道場がいくつかあったので、日本人の師範代に出演交渉をする予定でした。ところが驚いたことにフィリピン人の指導者ばかりで、日本人はいなかったのです。

　なかなか主役が決まらず、日ばかりが過ぎた頃、スタッフの中から日本人の役ならジャッキーがやればいいのではという声が上がったのです。ぼくは合気道の動きも知っていたので、スタッフの前で動いてみせると、みんな驚いて、いいじゃないかと。とにかく、後ろ姿のシーンだけジャッキーで撮って、正面はフィリピンの役者にして後から撮ろうということになりました。

　それで、横顔は映るからとフィリピン人に似せて濃い目のファンデーションを塗り、撮影がスタート。合気道のシーンは順調に進みましたが、今度はぼくの体形に似ているフィリピン人の俳優が見つからない。結局、正面もぼくが演じることになり、無事に全編撮り終えたのです。ちょっと地黒の日本人にはなりましたが、ぼくは主役としての役割を全うしたのです。これがフィリピンでのぼくの俳優人生の始まりでした。この映画は世界に配給され、アメリカでヒットしました。

1本撮り終えるとすぐに役者ジャッキー・ウーへの依頼が舞い込みました。それが、『ALAB NG LAHI/RACE OF FIRE（アラブ・ナン・ラヒ／戦場の友へ）』（2003年 第18回福岡国際映画祭・特別招待作品／口絵7頁参照）。これは戦争映画でぼくの役は主役の日本人兵士。当時フィリピンでは日本兵が出てくる戦争映画がたくさん作られていましたが、日本人役をフィリピン人の役者が演じていたので、どうしても日本語が片言になってしまう。そこでぼくの『TOTAL AIKIDO』の映画を観た監督が是非にとオファーしてきたのです。セリフもたくさんあって、大変だったのですが、この映画がフィリピンでヒットし、ぼくの名前が知られていくことになったのです。

これがマニラフィルムフェスティバルで主演男優賞にノミネートされたのです。フィリピンで外国人がノミネートされるのは初めてのことでした。

ここから本格的なぼくの俳優人生が始まりました。主演映画が次々に作られ、フィリピンで人気俳優になっていったのです。

フィリピンはキリスト教の国のせいか、何かというと天を仰いで大声で泣くというのが定番です。演技も大仰で、日本とは真逆でした。

それに対して、ぼくの演技は〝静〟の演技とでもいうか、しみじみとした情緒を醸し出すようなものでした。

すると「ジャッキーは目で演技をする。奥深さを感じさせる」と評価されたのです。けれども、実を言えば、当時はまだタガログ語がうまくしゃべれなくて、セリフが出てくるまで沈黙していただけのことでした。その必死なまなざしが目力となって見る人の心を打ったようです。

2005年には『Panaghoy sa Suba／河の呼び声』（第18回東京国際映画祭・アジ

アの風部門公式参加作品／口絵7頁参照）で、メトロマニラフィルムフェスティバル助演男優賞を受賞。このほか、最優秀作品賞や最優秀監督賞、最優秀スクリーンプレイ賞など、さまざまな賞をいただきました。カンヌ国際映画祭の特別招待作品ともなっています。

その後もフィリピンでは多くの映画に主演し、プロデューサーとしても関わっています。ざっと主演作品を並べると以下のようになります。

映画『リベラシオン』で主役を演じ、マンハッタン国際映画祭でベストストーリー賞を受賞した

『リベラシオン』（2011）大阪アジアン映画祭・コンペティション部門特別功労賞／マンハッタン国際映画祭・ベストストーリー賞受賞。

『HARUO』（2011）ニース国際映画祭で、最優秀外国映画主演男優賞・最優秀映画音楽作曲賞を受賞／マンハッタン国際映画祭で、最優秀外国映画賞・インディペンデンス部門グランプリ賞・グローバルワールドベストアクター賞の3部門で受賞（口絵6頁参照）。

マンハッタン国際映画祭で3部門で受賞したのは、ぼくが史上初でした。

『DEATH MARCH』（2013）カンヌ国際映画祭・ある視点部門入選（口絵5頁参照）。

『TOMODACHI』（2015）ロンドン国際映画祭・最優秀外国映画主演男優賞受賞／マドリード国際映画祭で、最優秀外国映画賞と最優秀映画音楽作曲賞の2部門受賞（口絵4頁参照）。

映画『アラブ・ナン・ラヒ／戦場の友へ』のエンディングテーマを作詞・作曲・歌唱し、ゴールド・ディスク賞を受賞した際、テレビニュースに出演した1コマ

さらに、歌手としての活動も開始。2002年にはアルバム『Naroon Pa Rin』を発表し、映画『アラブ・ナン・ラヒ／戦場の友へ』のエンディングテーマではゴールド・ディスク賞を受賞しました。この曲がどうして作られたかは第3章で詳しく書きたいと思いますが、ぼくにとっては思いがけないヒットとなり、とても嬉しく、感慨深い体験となったのです。

フィリピンではお笑い番組の準レギュラーに

フィリピンではアクション映画にも出演していたのですが、向こうの俳優はフックしか打ってきません。ブーンとフックを打ってくるところをぼくがサッとよけて、ストレートで打つ。そうすると、相手は「どうしてこんなところから腕が出てくるんだ」と不思議がります。しかもそれがすごく妖艶なストレートに見えるんですね。

こんなアクションをするフィリピン人の俳優はいませんから、これが自分のオリジナリティとなったようです。ぼくのダンサー経験が道を切り開いてくれたのだと思います。やはり好きなことをやっていると、それが自分の糧となり、助けになってくれるんですね。

ぼくはフィリピンで戦争映画に主演することが多かったのですが、フィリピンは日本が戦争中に侵攻してきた国ですから、いわば敵の国でもあります。ぼくは憎き日本人の役をやることが多かったので、フィリピンの人々にとって当初は怖いイメージがあったと思います。

ぼくは子どもが好きだったので、フィリピンの子どもたちに「怖い日本人」というイメージを持たれたくなかった。そこで考えたのが、フィリピンのお笑い番組に出演することでした。準レギュラーになって、昔のドリフターズの志村けんさんのようなキャラクターを演じたのです。水に落っこちたり、ふざけたことをやって笑いを取ったり。もちろん、好きでやっていたわけではありませんが、笑われることでフィリピン人との垣根を越えたかったのです。

そのおかげで、街中でぼくを見かけると「ジャッキー」と気軽に声をかけてもらえるようになりました。子どもたちも、ぼくに笑顔を向けてくれるようになったのです。苦労した甲斐がありました。すごく嬉しかったですね。

香港に呼ばれ、映画『少林キョンシー』に出演

こうしたフィリピンでの活動が海外にも伝わって、香港から映画出演の依頼が来ました。これがすでに紹介した映画『少林キョンシー』（口絵8頁参照）です。現地で監督から「どんなアクションをやっているんだ？」と聞かれたので、「カンフーができる」と答えました。

ところが、『少林キョンシー』は当たり前ですが、少林寺拳法なのです。ですから、出演者もほとんどが少林寺学校の出身者ばかり。本物の格闘家です。それに対して、ぼくはといえば、カンフーの写真が身近にあったり、中華街という特殊な環境で育っ

ためるに見よう見まねで覚えたカンフー。そこまで極めたわけでもなく、言ってみればカンフーもどきです。

それに、ぼくが習ったアクションは、拳を握りしめて打つというものでした。けれども、少林寺は拳では打たない。監督からも拳で打ってはいけないと厳命されました。

それでも、ぼくはここなら使えるかな、などと思い、時には拳で打ってみたりしました。するとすぐに叱られる。それでもここぞというときには拳を突き出してみました。まさに監督とのバトル。最後はぼく流にアレンジして、ぐるっと回ってバーンと拳で打つと、かっこよく決まったのです。

また監督に叱られるかなと思ったのですが、なんとOKが出た。「案外、受け入れてくれるんだ」と嬉しかったですね。「これがエンタテインメントなのだ」とも思いました。

とはいえ、すでに書いたように、香港のアクション映画に関心はありませんでしたから、これ以上ここにとどまることはしなかったのですが、この映画は世界中で大ヒットしてしまったのです。

『少林キョンシー』の大ヒットでハリウッド・デビュー

映画『少林キョンシー』が大ヒットとなり、世界でも公開されると、ぼくの名前も知られるようになりました。と言っても、日本では香港の役者だと思われていたわけですが、ハリウッドからはどこでどう調べたのか、日本人の役者として声がかかったのです。それが映画『ミッション・トゥ・アビス』（口絵8頁参照）でした。

このときの役というのが、分厚いメガネをかけたコンピュータおたくの日本人。ぼくとしては「なんだ、これは」という拒否感の方が強くありました。そんなステレオタイプの日本人役はやりたくなかった。それで、監督に「役を変えてほしい」と頼んだのですが、答えはNO。それでもぼくは諦めませんでした。

撮影に入る数日前に、監督のいる部屋に行って、自分が自慢できることをやろうと思ったのです。それはもちろん、ダンスでした。監督の前でいきなりダンスを踊ったのです。「おれは、こんな男なんだ」とアピールしたわけです。

すると、監督が目を輝かせ、「おまえ、ダンス、うまいな」とひと言。その監督は脚本家でもあったので、なんと、わずか1日で脚本を書き換えてくれたのです。渡された脚本を見たら、コンピュータおたくの役がすっかり変わっています。ハーレーダビッドソンに乗ってガソリンスタンドに登場し、ガソリンを入れながらウォークマンでダンスを踊っている役に大変身していたのです。

しかも、役名も「マサル」から「ジャッキー」というぼくのスクリプトネームに変わっていました。あの映画では、ぼくのことをみんなが「ジャッキー」と呼んでいます。もともとは「マサル」だったのに。

さらに驚いたことに、いつの間にか準主役になっていたのです。それまではその他大勢の役者の一人にすぎず、大部屋で過ごしていました。食べ物もパンと牛乳ぐらい。それが、いきなり小部屋に通され、「食事は何にする?」と聞くではないですか。「どういうこと?」と聞いたら、メインの俳優用の厨房があるからビーフでも、チキンでも、ベジタブルでも、何でも注文できるというのです。これにはびっくりしました。これがハリウッドかと思いました。

この役の変更については特典映像で監督自身が語っています。「あいつ、おれの目の前で急に踊り出して、それがすげえうまかったんだよ」と。本当に驚いたのでしょうね。日本人にこんなキレッキレのダンスが踊れる人間がいるとは思わなかったのでしょう。

俳優なら誰もがあこがれるハリウッド・デビューでしたが、長くとどまることはありませんでした。なぜなら、ここでも本物のアクションはやっていなかったからです。役者は、青や緑の背景の前で演技をします。つまり、合成映像を作るわけです。これをコンピュータで処理して、いかにも爆破されたビルにいたように見せたり、高いビルから落ちるシーンを作ったりします。

たとえば、ヘリコプターに乗っている場面の撮影のとき、「ジャッキー、ここで大きく揺れるから、落ちそうな顔をしてくれ」と言われるのです。たぶん、すごい高いところを飛んでいることになっているのでしょう。実際には地面に立っているのに。あるいは、15センチぐらいのところからポンと落ちるだけなのに、映像では300メートルぐらいの壁にしがみついているということになっているというケースもありました。それはもう、怖そうな顔をするしかないですよね。そういう演技ができるのも、俳優の能力の一つかもしれませんが、ぼくはごめんだと思いました。

そんなわけで、もうハリウッドに未練はありませんでした。「こんなアクションをやるよりは、ヒューマニズムの世界に行こう」と、そう思ったのです。そこからぼくの目はヨーロッパに向いていくのです。

NHKのスペシャルドラマに出演するも中国人扱いに愕然

この頃、NHKのドラマ『坂の上の雲』への出演依頼が来たのですが、「ようやく日本人として認められた」と、とても嬉しかったのを覚えています。

それまでもフィリピンや香港、ハリウッドなどの映画に出演してきましたが、それらはタガログ語や中国語、英語と、ぼくにとっては第二外国語でのセリフでした。

「今度こそ、日本語のセリフで演じられるんだ」と心が高ぶりました。

しかも、オーディションではなく、演出家の方が直々にオファーしに来たのです。ぼくの喜びようも想像できるというものでしょう。

NHKドラマ『坂の上の雲』で
袁克定役を演じた

ところが、演出家の方はぼくのことを香港の俳優だと思っていたわけです。つまり、中国人だと思っていたのです。実際に会ってみて日本人だとわかったと言っても、扱いは中国人の俳優というものでした。

最初はそのことの意味がわからなくて、撮影中は主演の本木雅弘さんや阿部寛さんと普通に日本語で話していました。当然、日本人の俳優として彼らに接していたのです。

けれども、撮影が終わって阿部さんと一緒に食事に行こうとすると、NHKのスタッフが「ジャッキーさんはこちらです」と言うのです。そこは中国人の俳優たちが食事をするスペースでした。ぼくが「おれはそっちで日本人と一緒に食べたいんだ」と言っても、「すみません、それは無理です」と言って行かせてくれません。あくまで、ぼくは中国人の俳優という枠のなかに入っていたというわけです。これにはショックを受けました。

おまけに、宿舎も日本人とは別の中国人俳優専用の場所でした。確かに、ぼくは中国人の役をやっていますが、基本的に母国語は日本語で、国籍も日本です。いくら中国人の血が4分の1入っているからといって、中国語がぺらぺらなわけではなく、他の中国人の俳優たちの会話はよくわかりません。そんなところで食事をしたり、寝起きをしなければならなかったのです。

せっかく日本の、しかもＮＨＫからの出演依頼だというのに、役柄は日本人ではなく、中国人。「ぼくはやっぱり日本人としては扱われないんだ」と本当に愕然《がくぜん》としました。このときほど底なしの孤独感を味わわされたことはありません。

どんなにフィリピンで有名になろうと、香港の映画に出演しようと、心のどこかに自分は日本人だという意識があったのでしょう。それが無惨にも砕け散ったのです。もはや日本は故郷とは言えないと思い知らされました。

「ぼくは日本人だけれども、子どもの頃から日本人扱いされなかった。これからは日本に固執しないで、ジャッキー・ウーという個性でやっていこう」

ぼくは、改めてそう決意したのでした。ぼくが日本のドラマや映画の出演に執着しないのは、こうした経験があるからです。もちろん、出演する機会があれば、喜んで受けると思いますが、あくまでも無国籍の俳優、監督、ミュージシャンとして活動すると心に決めています。

カンヌ国際映画祭で受けた差別的な対応に奮起

フィリピンで2013年に製作した映画『DEATH MARCH』(口絵5頁参照)が、同年のカンヌ国際映画祭のある視点部門で招待作品として選ばれたときのことです。ここでもちょっとした差別を感じさせる出来事がありました。

カンヌ国際映画祭は海岸に近い場所でやるのですが、ぼくらの宿泊するホテルは海岸から遠い山の方にあったのです。ホテルを選ぶのは映画祭のオフィシャルな部署ですから、ぼくらの扱いの程度がわかるというものでしょう。招待作品といっても、こういう対応だったのです。

映画の上映時間も夕方で、レッドカーペットを歩くのも賑わいが終わった頃になります。このとき、アジアに対しての差別のようなものを感じました。実際、こんなことも言われました。

「われわれはエンタテインメントの映画を作っているのではない。カルチャーを感じさせる映画を作っている。だから、映画を観るときはタキシードを着るんだ。アジア人にこのヨーロッパのカルチャーがわかるかい？」

それを聞いて、自分たちの扱いの意味がわかりました。アジアにはカルチャーがないと言われているようなものです。

確かに、カンヌ国際映画祭の審査基準は厳しくて、映画がつまらなければ、お客さんはすぐに席を立ってしまいます。映画祭が行われている最中は、毎日、作品に対するコメントが出ますが、それはそれは厳しいものです。容赦なくコメントされるのです。

ぼくが作った映画も、半分以上の観客が出ていってしまいました。そのとき、他の日本の映画もノミネートされていましたが、最後まで残った観客は数えるほどしかいませんでした。

「なるほど、カンヌ国際映画祭とはこういうところか。アメリカ映画のこともカルチャーがないと思っているのだろうな。アジアにいたっては、もっとカルチャーがないと思われている。それなら、ヨーロッパで日本映画を認めさせようじゃないか」

それまで、ぼくはフィリピンで映画を作っていましたが、このときの経験から日本のカルチャーをヨーロッパの人たちに伝えたいと思うようになりました。ヨーロッパにも長い歴史と文化がありますが、日本にもそれに負けないくらいの歴史と文化があります。

日本では日本人扱いされなかったぼくですが、やはり、日本で生まれ育ったので感性や文化が身についています。カンヌ国際映画祭での経験から、これからは日本のよさを感じさせる日本映画を作っていこうと決意したのです。

認知症をテーマに、日本の映画を撮ろうと決心

ぼくが日本で映画を撮ろうと思ったときに、最初に頭に浮かんだテーマが「認知

症」でした。当時、ぼくの身近な友人に認知症になった人がいて、さまざまな問題を間近で見る機会がありました。そこには家族の葛藤や日本人ならではの夫婦、親子のあり方、逡巡が見て取れたのです。日本人の平均寿命が延び続けていて、これからは高齢化社会になると言われていて、こういう思いをする家族が増えていくだろうとも思いました。日本で映画を撮るなら、認知症とはどんなものなのか、備えるにはどうしたらいいのか、そんな映画を撮ろうと決心したのです。

また、海外では、高齢になると家族に面倒を見てもらうのではなく、施設に入居することが当たり前になっている国が多くなっています。そのため、認知症の父母や祖父母を誰が介護するか、いつまで面倒を見るのかといった家族の葛藤がありません。けれども、ぼくはそうした日本人の家族のとまどいや心情を海外の人々にも知ってほしいと思ったのです。そして、日本の人たちにも父母や祖父母との関係を見直すきっかけになったらいいのではないかと考えました。

認知症という病気を通して、人間のエモーション(感情・感動)やヒューマニズム

製作総指揮した映画『そうかもしれない』

（人間性の尊重）を感じてほしかったというのもあります。

　そこで撮った映画が『そうかもしれない』（2006）という認知症の妻と夫の話です。妻を雪村いづみさん、夫を桂春團治さんが演じました。原作は小説なのですが、夫がしっかりしていて、認知症になった妻をこまごまと介護する。お風呂に入れたり、おむつを替えたりといった日常があります。この映画では、長年連れ添った夫婦の苦楽みたいなものも描いています。

　認知症の進んだ妻が夫に「あなたはどなた？」と聞くセリフがあるのですが、こうした認知症の現実を描きたかったのです。その後、夫が喉頭がんになり、妻より先に亡くなってしまいます。ちょっと悲しい物語なのですが、『そうかもしれない』というタイトルには、「認知症かもしれない」という意味があると同時に、「今度、生まれ変わってもまたあなたと出会い、結婚するかもしれない」という夫婦愛を描いた映画にもなりました。

その後、2017年に撮ったのが映画『キセキの葉書』（口絵3頁参照）で、主役を鈴木紗理奈さんが演じています。これにも認知症が関わっています。障害のある女の子を育てている主人公の母親が軽度の認知症になるのですが、娘の面倒を見ているために、実家には帰省することができない。障がい者に対する意見の相違などで母娘の間には確執があるのですが、結局今自分にできることは何なのかと考えた結果、母親を励ますために、毎日、葉書を送ることにするという物語です。これは実話で、この葉書によって母親は勇気

映画『キセキの葉書』の一場面。監督として女優・鈴木紗理奈さんの役者としての魅力を引き出すことに成功した

づけられ、最後には元気になるのです。それで、タイトルが『キセキの葉書』なのです。この映画でマドリード国際映画祭最優秀外国映画監督賞を受賞しました。鈴木紗理奈さんの演技はとても秀逸で、最優秀外国映画主演女優賞を受賞。役への入り方、表現など、本当に素晴らしい女優さんでした。

「ジャッキー・ウーの映画」という海外の評価

ぼくはジャッキー・ウーという名前で活動しているので、海外でも日本人の監督というよりは「ジャッキー・ウーという監督」というとらえ方をされます。そういう意味で、ぼくを日本人だと認識している人は少ないかもしれません。

映画『キセキの葉書』がマドリード国際映画祭で2つの賞を取った後、海外の映画人から「次はどんな作品を作るんだ?」と聞かれ、「日本の映画を撮ろうと思う」と伝えると、「そうか、日本で映画を撮るのか」という反応が返ってきました。ぼくがフィリピンでも映画を撮っているからでしょう。

そのときに「次の国際映画祭にジャッキーの作品をノミネートしたいから、急いで映画を撮ってくれないか」と頼まれたのです。そういった経緯もあり、締め切り間際に出品したのが2019年の映画『ばあばは、だいじょうぶ』(口絵2頁参照)でした。

この映画も認知症がテーマになっています。祖母役に冨士眞奈美さん、孫役を寺田心くんが演じ、認知症になる祖母と変わっていく祖母の姿に動揺する孫を描

映画『ばあばは、だいじょうぶ』で、祖母役の冨士眞奈美さんと孫役の寺田心くんの心温まるシーン

いています。

冨士眞奈美さんには、少しずつ認知症が進んでいく様子を演じてもらいました。認知症は一直線に症状が進む病気ではありません。普通のときもあれば、症状が重くなるときもある。行きつ戻りつしながら進んでいく病気です。

映画でも、祖母役の冨士眞奈美さんが家族にはわからないように、たくさんのメモを残しています。正気に戻ったときに、自分が忘れないようにとメモを書いているのです。そのメモを孫役の寺田心くんが見つける場面があります。そこで、「認知症になったおばあちゃんも、以前のおばあちゃんと同じなんだ」と気づくわけです。

また、この映画の原作は絵本なので、1本の映画にするためには脚本でかなり書き足してもらわなくてはなりませんでした。と言うのも、ご存じのように絵本は十数ページしかなく、それを2時間弱の映画にするわけです。まさに想像力との闘いでした。ぼくが考えたのは登場人物を増やすことでした。認知症を見て見ぬ振りをする人、認知症であることを拒否する人、真正面から直視して悲しむ人、さまざまな人を登場させて、観る人が感情移入できるようにしたのです。

タイトルの『ばあばは、だいじょうぶ』という言葉は、祖母自身が孫に向かって伝えるものですが、この言葉には「ばあばは、心配ないよ」という意味もあれば、「ばあばは大丈夫？」という周囲の人たちの心配もあります。それはこの映画を観た一人ひとりがそれぞれの立場で自由に感じてもらえればと思っています。

この映画はミラノ国際映画祭で最優秀外国映画監督賞、寺田心くんが最優秀外国映画主演男優賞を最年少で受賞しました。

実は、ぼくがフィリピン映画に役者として出ている頃、ヨーロッパの映画祭などにも招待されたのですが、そこで耳にしたのは、アジア人の役者や監督には賞をあげられないという話でした。審査委員特別賞や優秀賞などはあげられるが、個人の演技や技量を讃《たた》える主演男優賞や女優賞、監督賞などのパーソナルな賞はあげられないと言うのです。

ヨーロッパの文化を身につけた俳優がたくさんいるなかで、アジア人にその文化がわかるはずがない、だから、いかにもアジア人とわかる個人名に対して賞はあげられないと。アジア人の名前が一番上に掲げられることが考えられなかったのでしょう。そんな体験をしていたので、パーソナルな賞を取ることの価値を人一倍知っていたのです。ぼくは、これが取れたら、ヨーロッパにおける大きな肩書きを手に入れたことになると、なんとしてもいつか取りたいと思っていました。

それが後々、自分が作った映画でいずれも取れたのです。こんな嬉しいことはありませんでした。

「認知症」というテーマはやりがいがある

ぼくが認知症という病気をよく知らなかったとき、「歳を取ると、誰しも赤ちゃんに返るんだよ」という話を聞き、そういうものかなと考えていました。けれども、今では「それはウソだ」と思っています。

認知症の人は大人です。腕力もあれば、大声で怒鳴ることもあるし、暴れることもあります。ぼくの知っている人は、とても穏やかな人格者だったのに、認知症になってから短気になりました。そういう状態を見ると「この人は人生でいい子を演じていたのかな」と思ったりします。病気によって理性が失われたとき、人間の本質が現れるのかもしれないと思ったからです。病気になる以前に、その本質を隠さずに出しておけば、認知症になってから、こんなにもギャップの大きい症状が現れたりはしなかったのではないでしょうか。

ぼくの身近な友人の例ですが、頻繁に徘徊することがあり、しかも、車で1時間半もかかるような場所で発見されたことがありました。どうして、こんな遠いところまでやってきて徘徊するのだろうと不思議でした。

すると、しばらくしてその人が通っていた高校がある場所だとわかったのです。その人にとって高校時代の思い出は特別なものだったのでしょう。今さっき食べた食事のことは忘れても、遠い昔のことはよく覚えているのです。それが認知症の特徴でもあります。

ぼくなりに考えると、認知症というのは、死を迎える前に、もう一度、人生を振り返る病気なのかもしれません。そうであるならば、そこに寄り添ってあげなくちゃいけない。周りの人間は優しく包んで支えてあげる。それが大切なのではないかと思います。

映画『ばあばは、だいじょうぶ』でも、祖母役の冨士眞奈美さんが突然、怒り出すシーンがあります。孫役の寺田心くんはびっくりして脅えてしまうのですが、彼女の人生のなかで抑圧された感情があり、それが露出した瞬間を描きました。それもまた認知症の症状であり、それに振り回される家族の様子も描いたつもりです。

認知症になった祖母役の冨士眞奈美さんがある瞬間、正気との狭間で揺れ動くシーンがあります。このシーンを撮るとき、「1分以上の長取りをするので、まばたきをしないでください」と伝え、ぼくは映像に入らないようにカーテンの陰に隠れました。そして彼女にその1分間の感情の移り変わりをささやき続けたのです。「今、あなたのそばには死んだお父さんがいます」「孫があなたのことを嫌いになりかけています。さあ、どうしますか？」などと語りかけ、表情が変わっていく演技を求めたのです。

さすが、冨士眞奈美さんは名女優です。どんどん表情が変わり、心の揺れをうまく表現してくれました。こうして役者のそばで心理状態を誘導する方法は、予想以上の効果を生んでくれました。

認知症をテーマにした映画は現在までに3作撮っていますが、次回は認知症患者同士の恋愛を明るいタッチで描いてみたい。「認知症だから、人を好きになってはいけない」ということはありません。いろいろな可能性があると思っています。それを多くの人に訴えることも、これまで認知症をテーマに映画を撮ってきた監督としてのぼくの使命なのではないかという気がしているのです。

『ばあばは、だいじょうぶ』
日本での映画公開が終わり、台湾でも公開。好評でDVDも発売された。日本でもDVD発売・動画配信が決まった

子役を起用するとき、心がけていること

映画『キセキの葉書』では、鈴木紗理奈さんの娘役に八日市屋天満ちゃんという女の子を起用しています。彼女は脳性麻痺という難役で出演していますから、セリフもないし、身体を動かすこともできません。目もほとんど白目をむいたままで、母親の背中におぶられっぱなしです。

他の子役たちは普通に動いて、普通に話す演技をするのに、彼女だけ難しい演技をしなければならなかった。そこはしんどかっただろうなと思います。

ぼくがNHKのドラマ『坂の上の雲』で、中国人の俳優として扱われたときに覚えた孤独感を彼女も持ってしまうのではないかと危惧しました。そこで、監督として彼女のそばにずっと付き添いました。悲しい思いをさせたくなかったからです。

彼女には「天満ちゃんが一生懸命演技の勉強してきたのは知っている。今回、身体が硬直した役で、セリフも『あ〜』とか『う〜』くらいしかないけど、すごく大事な

役だから、がんばってほしい。そしたら、次の映画ではちゃんとセリフがあって、みんなよりいい役をやってもらうから」と伝えました。

ぼくは、子役には「点ではなく線で接したい」と思っています。子役を子どものときだけ使うのではなく、長い目で見て、その成長も楽しみに、ぼくの映画にずっと出てほしいと思っているのです。役者として成長し続けてほしいからです。子役だからとかわいいだけの演技を要求するのではなく、次につながるようなものにしたい。そんな思いで子役には向き合っているつもりです。

実際、天満ちゃんは『ばあばは、だいじょうぶ』にも出演してもらっているのですが、ここではセリフのある役を好演しています。

そういう意味では、『ばあばは、だいじょうぶ』の寺田心くんに対しても、この映画を通して新しい体験をしてほしいと思っていました。彼はドラマなどで「かわいい」演技を求められることが多かったようですが、ぼくはそういう演技はしてほしく

映画『キセキの葉書』で脳性麻痺の女の子を
演じた八日市屋天満ちゃん

映画『ばあばは、だいじょうぶ』で普通の女の子を
演じた八日市屋天満ちゃん

なかった。当時、彼はまだ10歳でしたが、彼自身の演技が成長する分岐点であったように感じました。

そこで、ぼくは、かわいくなくていいから「ばあばなんて、嫌いだ！」という強い調子のセリフを、思い切って言い切るよう演技指導しました。

また、孫役の心くんが、行方不明になった祖母を泣きながら探す場面があるのですが、ここでは「泣いてもいいけど、目を見開いて前を向いて泣くんだよ。そうでないと、おばあちゃんを探せないだろう。きみは男の子だ、前を向いて泣け」と伝えました。

こうしたぼくの要望に、彼はきちんと応えてくれました。この映画では、今までにない心くんの一面が出せたのではないでしょうか。

この映画の撮影が終わった後、彼は「海外で通用する役者になりたい」とコメントすることが多くなりました。役者として一皮むけたのではないかと、嬉しく思っています。

主役の経験があるからこそ、役者に寄り添える

フィリピンの撮影現場に行ったときのことです。年配のフィリピン人俳優に「ミフネは元気かい？」と聞かれました。ミフネって誰のことだろうとピンとこなかったのですが、三船敏郎さんのことだったんですね。

続けて「クロサワは最近、どうしている？」と聞いてきます。クロサワとは日本を代表する映画監督の黒澤明監督のことです。お二人ともう亡くなっていますが、海外の映画関係者にとって、日本といえば「三船敏郎」と「黒澤明」と、名前がすぐに出てくるほど超有名な人たちなのです。

つまり、そういう目でぼくの演技や監督の仕方を見ているということです。それに気づいてから急に緊張してきました。まだ駆け出しなのに、まるで日の丸を背負っているかのような重圧感があったのです。

「もし自分が失敗したら、日本でがんばっている役者や監督の顔に泥を塗ることにな

る。これは真剣に勝負しなくちゃいけない」

それにしても、まったくもって皮肉な話です。日本では日本人扱いされなかったのに、海外では日本人の代表のように思われてしまうのですから。

撮影が始まり、メイクさんが来たり、ライティングされてカメラを向けられたりします。周りに何十人ものスタッフが固唾を呑んでぼくの演技を見守っているのです。主役の技量一つで作品の出来も左右される。ちゃんと演じなければとプレッシャーは増すばかりです。

そういうときは、なかなかＯＫが出ません。緊張しすぎて自然な演技ができないのです。カメラや監督の目が気になり、自分がどう映っているのだろうかとか、照明がどう当たっているのだろうかとか、雑念がどんどん浮かんできます。そんな状態で自然なセリフなんて言えるはずがありません。

そこで、これではいけないと気持ちを切り替えました。そもそも子どもの頃から「自分は自分でありたい」と願ってここまできたのに、どうして周りの目を気にするのだと。そう思ったら、気持ちがスーッと楽になり、雑念が消えていました。

これは『HARUO』というフィリピン映画で、ニース国際映画祭で最優秀外国映画主演男優賞を受賞しました。このとき、気負わずに演技をすることの大切さを痛感したのです。


こうした経験は、監督をするようになってから、大いに生かされることになります。主役をやった経験があるおかげで、主役を演じる役者の気持ちがよくわかるからです。だから、役者には「監督のぼくが全責任を取るので、自分の演技だけに集中してください」と伝えます。

『キセキの葉書』の鈴木紗理奈さんは、バラエティ番組でテレビの枠を気にしていた経験があるので、映画撮影のときも枠から外れない演技をしようとします。けれども、ぼくは「カメラマンがあなたについていくから、気にしないで。あなたは縦横無尽に動いてください」と演技指導しました。また、涙を流すシーンで、彼女は思わず手で涙を拭いたのですが、ぼくは「主役は涙を拭かない！」とオリジナルな演出をしました。
『ばあばは、だいじょうぶ』の寺田心くんも同じです。歩くとき、歩数とか、カメラとの距離を気にするので、「カメラは気にしないでいいから、きみはおばあちゃんを探せ」と伝えました。心くんは上手に泣く演技をしようとしていたのですが、何で今泣いているんだと聞くと「大好きなおばあちゃんがいなくなったから」と。「じゃあ、必死になっておばあちゃんを探せよ！　俯いて泣くんじゃない、前を見ておばあちゃんを探すんだ」と伝えたのです。さすが心くん、すぐ理解してくれて、あの名シーンが生まれたのです。

ぼくのやり方が功を奏したのかわかりませんが、二人とも海外の映画祭で賞を受賞しました。ぼく自身が主役をやった経験があったからこそ、役者に寄り添える監督になれたのではないかと自負しています。

イギリスを拠点にヨーロッパで勝負する

ぼくは、ヨーロッパで認められる映画を作ろうと思っているので、フィリピンで設立した会社をイギリスに移しました。イギリスを拠点にして、まず、イギリス人に受ける映画、感動させる映画を作ることから始めたいと思っているのです。

なぜ、イギリスなのかといえば、19世紀、大英帝国と呼ばれ、強大な国力をもってアイルランドや北アメリカ大陸、中国やアフリカにまで足を延ばし、植民地とした国だからです。これほど世界を股にかけた国はなく、イギリス人の根っこには相当に高いプライドがあるに違いありません。当然、植民地にした国々に対しての差別意識もあると思います。

そのイギリスで映画を作り、現地でヒットさせることができれば、それはヨーロッパ全域に通じる映画になることでしょう。

実際に今、ぼくはイギリスで映画を撮影しています。監督もスタッフもイギリス人です。ぼくにはまだイギリス人が気に入る映画の傾向がよくわからないので、実験的な意味もあります。

イギリスに会社があれば、現地の配給会社を通してイギリス国内で映画の上映もできます。日本に会社を置いてイギリスで映画を上映しようと思ったら、書類のやりとりだけで時間を取られてしまいますからね。

イギリスに拠点を移し、世界を視野に
活動を始めたジャッキー

とにかく、まずはイギリスというヨーロッパの懐に飛び込んで映画作りをやる。そして、いずれぼくの感性を入れ込んだ日本映画を作ろうと思っています。これが今のぼくが目指しているところです。その第一歩として

『SAFE GUARD』（２０１９）という作品を製作し、京都国際映画祭２０２０の特別招待作品に選ばれました。その他、海外でも数々の映画祭からオファーをいただいています。

第3章
平和への祈り

フィリピンで経験した戦争の傷跡

フィリピンではアクション俳優として活躍していたぼくですが、戦争映画にも多く出演し、監督もしました。実は、フィリピンに行くまで、日本が戦争中にフィリピンとどう関わったのか、よく知りませんでした。

歴史をひもとくと、当時、アメリカの植民地だったフィリピンは、日米開戦によってアメリカ軍と日本軍との戦いの場となったのです。いったんは日本軍が勝利をおさめたものの、最終的には日本が太平洋戦争に敗北し、フィリピンはアメリカによって日本から解放されたのです。

ぼくが製作総指揮を取り、主役を演じた『アラブ・ナン・ラヒ／戦場の友へ』（口絵7頁参照）という映画を撮影したときのことです。ロケ地となるリサール公園に行くと、そこには当時の日本総領事館があり、日本軍がフィリピンの兵士を収監した水牢があったのです。

水牢は海に流れ込む少し手前の川岸にあり、潮が満ちてくると川も水位が上がります。すると、この牢は水没する仕掛けになっていたのです。ここに収監されたフィリピン兵は、恐怖の中で徐々に水かさが増すのをどうすることもできず、生きたまま水没してしまったのです。そしてなんと、潮が引くと自動的に竹のドアが開いて、死体が川に流れていくという、なんとも遣り切れない仕組みになっていたのです。

それを見せられたときには、本当に愕然としました。なんてひどいことを日本人はやったんだろうと。4分の1は中国人の血が入っているとはいえ、ぼくの国籍は日本です。その日本人が無慈悲で残酷な水牢を作ったという事実に打ちのめされてしまったのです。

リサール公園は、入り口にスペインからの独立運動の英雄ホセ・リサールの記念碑があり、現地の人や観光客で賑わう場所でもありました。ぼくは、その一角にあるベンチに腰掛けると、今見てきた光景に愕然としながらも、浮かんできた詩を書き留めました。後にこの詩に曲を付け、『時と海を越えて』というタイトルで、映画のエンディングテーマとし、ぼくが歌いました。

『時と海を越えて』　作詞・作曲　ジャッキー・ウー

果てしないこの夜に　つづく想い
まるで昨日のように　強く　熱く
風の向こうにある　その面影
今はただ一人だけ　瞳　閉じて

時が過ぎて　色あせても
変わらない　この想い
許されるなら　胸に刻み
いつまでも　そばにいる

どこまでも広がる　この空の果てに
偽りに過ごした　日々がゆれる
幾千もの星に　誓いをたてたら
忘れかけた時が　夜を染める

時が過ぎて　色あせても
変わらない　この想い
許されるなら　涙　拭いて
いつまでも　そばにいる

時が過ぎて　色あせても
変わらない　この想い
許されるなら　胸に刻み
いつまでも　そばにいる

この詩は一見すると恋愛の心情を歌っているかのようですが、ぼくがリサール公園で水牢を見たときの気持ちを言葉にしたものです。ぼくとしては次のような意味合いを詩に込めたつもりです。

「戦争の悲惨さがまるで昨日のことのように思い浮かび、その気持ちは時が過ぎても変わらない。もしフィリピンの人々が許してくれるなら、われわれがやった過ちを胸に刻み、いつまでもフィリピンの人々のそばにいたい。

幾千もの星にもう二度と戦争はしないと誓いを立てよう。それを忘れてしまったら、日本に原爆が落とされたように、再び、闇夜を昼のように染めることになるだろう」

映画のエンディングでは日本語で歌っていますが、映画上映と同時にタガログ語のレコードも発売しました。スタッフは、戦争加害者である日本人のぼくが歌うことでブーイングが起こるのではないかと懸念していました。けれども、ぼくは日本人としてフィリピンの人々に償いの気持ちを伝えたかったのです。どう受け止められるかは二の次でした。

そうしたら、どうでしょう。発売してわずか2週間でフィリピンのゴールド・ディスク賞を受賞したのです。自分でもびっくりしました。

この映画では、日本軍が村を行進するシーンもあるのですが、ロケ先で撮影していると、戦争を体験しているお年寄りが当時の惨状を思い出し、パニックになるという出来事もありました。それくらい戦争はフィリピンの人々の中につらい記憶として残っているのです。

だからこそ、ぼくはこの歌をタガログ語で歌いたかった。そして、戦争の愚かさを映画で訴え続けていこうと決意したのです。

実話をもとにした戦争映画を立て続けに製作

フィリピンの人々はとても陽気で、今では日本人に対してとても友好的ですが、年配の人にはやはり複雑な思いがあるようです。ぼくにはフィリピンの人たちに対して本当に申し訳ないことをしたという気持ちが強くあるので、ぼくなりの償いとして、日本人に対しては戦争の悲惨さを訴え続け、二度と戦争を起こさないでほしいと伝えたいと思っています。

実は、日本の神風特攻隊が初めて出撃したのもフィリピンからで、第一号のゼロ戦はルソン島のマバラカット飛行場から飛び立っています。そして、太平洋戦争末期の最後の戦場もフィリピンです。

こうして見てみると、日本とフィリピンは戦争を通して深くつながっている国同士なのです。当然、戦争中にはいろいろなドラマがあったでしょう。ぼくはたまたまフ

郵便はがき

料金受取人払郵便

代々木局承認

1938

差出有効期間
2022年10月4日
まで

1 5 1 8 7 9 0

203

東京都渋谷区千駄ヶ谷4-9-7

(株)幻冬舎

書籍編集部宛

1518790203

ご住所 〒

都・道
府・県

フリガナ

お名前

メール

インターネットでも回答を受け付けております
https://www.gentosha.co.jp/e/

裏面のご感想を広告等、書籍のPRに使わせていただく場合がございます。

幻冬舎より、著者に関する新しいお知らせ・小社および関連会社、広告主からのご案内を送付することがあります。不要の場合は右の欄にレ印をご記入ください。

不要 □

ィリピンに来て、縁あってアクション俳優になったわけですが、日本とフィリピンの歴史を知り、表現者として何かを伝えなければという強い思いにとらわれました。その手段が戦争映画だったのです。

『TOMODACHI』や2014年の『KAIKOU（邂逅）』（口絵4、8頁参照）も戦争にまつわる映画ですし、『DEATH MARCH』『リベラシオン』は実話をもとにした戦争映画です。

とくに『リベラシオン』は、グアム島のジャングルで終戦を知らず、28年間生き延びた横井庄一さんをモデルにしています。この映画では「上司の〝下山しろ〟という命令がなければ、山を下りない」という主人公に対して、元上官がルソン島までやってきて下山を命令するという場面があります。

そのとき、主人公が元上官に「ジャングルで20年以上生活することは何の苦でもなかった。でも、ともに生き延びた戦友が死ぬ姿を見て、とてもつらかった。……失礼とは思いますが、上官に質問したいことがあります。この戦争の勝者は誰ですか？

誰が勝ったんですか?」と尋ねるセリフがあります。それに対して、元上官は何も答えず、敬礼で返すのです。

このシーンには、ぼくの反戦への想いを込めたつもりです。戦争の勝利者など、誰もいないと伝えたかったのです。

ぼくが結果的にフィリピンに長くいることになったのは、戦争というぬぐいがたい歴史的事実があったからかもしれません。

フィリピンの経済格差を意識させられた現実

映画撮影である村に出向いたときのことです。撮影隊が到着すると、その村の子どもたちがたくさん集まってきました。みな、目をきらきらと輝かせ、こんなにかわいい子どもがいるだろうかと驚くほどでした。世界で一番かわいいのはフィリピンの子どもではないかと思ったくらいです。

撮影隊のメンバーがお菓子を配ったり、一緒にご飯を食べたりして一気に仲よくなりました。広場には安いアイスクリーム屋が来たりして、まるでお祭りのような騒ぎです。子どもたちは、日がな一日、ぼくたちの撮影の様子を興味深そうに見ています。カメラのそばに近寄って映像を眺めたり、メイクをする役者の様子を見たりしていました。

そんなことがあってから3カ月ほど後のこと。撮り残しがあり、同じ村に行ったのです。ぼくは、また明るく元気な子どもたちに会えると思い、ワクワクしていました。ところが、現地に到着してみると、子どもたちの様子が以前とは違います。キラキラとしたまなざしは消え、なかには不良のような顔つきになっている子もいたのです。「いったい、どうしたのだろう？」と現地の人やスタッフに聞くと、その原因はぼくにありました。その村は貧困にあえぎ、食料も満足になく、子どもたちはいつもひもじい思いをしていたのです。

大人はといえば、仕事がなく、物乞いなどをしてかろうじて生きていました。なかには、アルコール依存症や薬物依存症になっている人もいました。そんなところに撮影隊が行って、お菓子や料理をふるまい、いつもと違う経験を子どもたちにさせてしまったのです。

撮影隊の様子を見て、「自分も俳優になりたい」「映画監督になってみたい」「カメラマンになりたい」と思った子どももいたに違いありません。けれども、現実は厳しいものでした。貧困のなかで、それを叶えるのは至難の業だからです。夜空に花火が打ち上がったように、夢が一夜のうちに消えてしまったのです。喜びが大きかっただけに、現実に返ったときの落胆はどんなだったでしょう。

そんな思いを子どもたちにさせてしまったことを強く後悔しました。そんなとき、小さな子どもがぼくに近づいてきたのです。「何歳になるの？」と聞くと、小学生ぐらいの年齢だと答えました。ぼくには幼稚園児ぐらいにしか見えませんでした。栄養不足で身体が大きくならないのです。

そのとき、「自分にできることはないだろうか」と考えました。そして、学校を作ることを思い立ったのです。そこでは栄養剤を配布し、給食も用意します。現地の人を教師に雇い、勉強も教えてもらいます。

これをジャッキー・ウー・プロジェクトと名付け、すぐに実行に移しました。ぼくは名誉校長みたいなことをやり、時折、村に行っては子どもたちに話をしました。内容は「夢を持つことと、努力をすることの大切さ」です。

フィリピンは貧富の差が激しく、貧困

学校に通う子どもたち。給食の実施により栄養状態が改善された

ジャッキー・ウー・プロジェクトによって設立したフィリピンの学校

のどん底にいる人たちは物乞いをすることに抵抗感がない人もいます。お金やモノをくれる人がいれば、それにすがり、自分で努力しようという気力がなくなってしまうのです。

子どもたちには、そうなってほしくありませんでした。夢を持ち、それに向かって努力する大人になってほしかったのです。それで、いつも努力の大切さを子どもたちに訴えていました。

しばらくすると、子どもたちも元気になり、栄養状態のよくなった子どもたちが400人を超えたのです。すると、その州の市長が「ぜひとも名誉市民賞を受け取ってもらいたい」と打診してきました。ぼくは名誉がほしくてそんなことをしたわけではありません。けれども、せっかくの申し出なので、市長の好意を素直に受けることにしました。2008年のことです。

その後、しばらく資金援助をしていましたが、今は自治体が中心になって学校の運営を行っています。

日本とフィリピンとでは俳優へのまなざしが違う

フィリピンでは、俳優が政治の世界に入ることは珍しくありません。日本でも人気俳優だった森田健作さんが千葉県知事になっていますが、フィリピンの比ではないと思います。

フィリピンの元大統領であるジョセフ・エストラーダさんはもともと俳優でした。「兄弟」という意味のエラップという愛称で国民に慕われ、1998年の大統領選挙で約40％もの得票率で当選しています。その後、大統領の座を追われるものの、2013年にはマニラ市長選に出馬し当選しています。

こうした俳優は枚挙にいとまがありません。有名な俳優はほとんどが役者を引退した後、政治家に転身しています。フィリピンでは、政治家よりも役者の方が尊敬され、影響力も大きいのです。

日本でアイドルというと、女の子たちがキャアキャア言うミュージシャンやグループを指しますが、フィリピンでは「アイドル＝スーパーヒーロー」なのです。まさに「自分の人生のアイドルだ」という意味になります。

ぼくも映画がヒットするようになると、街角で「ジャッキー」と呼ばれるようになる一方、アイドルとして認識されるようにもなりました。ですから、貧困の村でジャッキー・ウー・プロジェクトを展開するのも、ある意味、当然と言えば当然のことと言えます。決して売名行為だとは思われないのです。

フィリピンで自分のことを「アイドル」と呼ばれるのはとても名誉なことで、ありがたく思っています。

フィリピンでの経験から平和を想う

日本にいた頃は自分自身のアイデンティティに苦しんだぼくでしたが、フィリピンで戦争の傷跡を見てからは視野が広がりました。平和への想いがとても強くなったのです。

リサール公園で水牢跡を目にしたことや、実話に基づいた戦争映画の撮影を通して、「戦争はやってはいけない。戦争は人を狂わせる。平和な時代はごく普通だった人が、戦争という非人道的な環境に置かれると人間性を失う。洗脳されてしまうのだ」とつくづく思い知らされたのです。

ですから、ぼくの平和への想いを伝える映画作りは終わっていません。これからも戦争映画は撮ると思います。その気持ちはずっと持ち続けたいし、また映画を通して、平和のありがたさを後世にも伝えていきたいと思っています。

今、世の中に残っているものって何だろうと考えると、それはいい映画と書籍なんですね。テレビで放送されるものはどんどん忘れ去られてしまうし、舞台はライブでやるので、その場限りで終わってしまいます。けれども、映画はたとえ監督が亡くなっても、秀逸なものはずっと後世まで残っていきます。

世界平和と大上段に構えると、何か大げさな気がしてしまいますが、自分の周りにいる家族や友人、仕事仲間などに平和の大切さを伝えることはできます。自分を含めて、周囲の人間がみな、幸せだと感じられることが大事なのではないでしょうか。それが結果的に世界平和につながるのではないかと思っています。

第4章
人生を輝かせる

自分の夢にリミッターをかけてはいけない

ぼくはＦＭヨコハマの『JACK STYLE』という番組でパーソナリティをしています。そこには多くの人から最近疑問に思ったことや悩み、感想などが送られてきます。それに対して、ぼくがその場で思ったことを伝える番組です。ここで交わされたやり取りの中から、反響が大きかったものをご紹介しましょう。

まず、「夢」について問われたことがありました。ぼくは子どもの頃、ダンスを覚えたくて無我夢中で動きを身につけました。これは第1章でも書いていることですが、好きなことがあるなら、「できる・できない」ではなく、「やりたい・やりたくない」という基準で選択すべきだと思っていて、それははじめから「できるはずがないと思わないこと」ということでもあるのです。

あるとき、車が好きな年若い友人に「おれが買ってやると言ったら、車、何がほし

FMヨコハマ『JACK STYLE』での1コマ

い？」と聞いたことがあります。すると「日産のGT－Rがほしい。この車がもらえるんだったら、ぼく、何でもしますよ」と答えました。

ぼくが「日産のGT－Rでいいの？　フェラーリとかランボルギーニとかじゃなくてもいいわけ？」と聞き返すと、「え？　それがもらえるんですか？」と驚いた表情をするわけです。

そのとき、ぼくに遠慮しているというよりも、「こいつ、自分の夢にリミッターをかけているな」と思いました。「何でも買ってやる」って言っているのに、無難なところで手を打っていると。夢というのは、大きくていいと思います。

たとえば、ダンサーになりたいと親に言うと「何、バカなことを言っているの？いい大学に入って大手企業の会社員になりなさいよ」と言われてしまいます。そして、そう言われることに慣れてしまって、本来の自分の夢にリミッターをかけてしまう。そういう若者が増えているように思います。

夢は逃げていきません。逃げてはいきませんが、すごくシャイなのです。こちらがいくら声をかけても、なかなか振り向いてくれない。声をかけるなら心を込めて真剣な声で呼びかける必要があります。

諦めずに声をかけ続けると、たまにシャイな夢が振り向いてくれます。それで自信がついて、またがんばろうと思える。その繰り返しです。そうやって夢を実現していくのです。

ぼくの場合は、最初はダンスでした。それがアクション俳優になり、次に映画の製作に携わりたいと思うようになりました。その結果、映画監督になり、歌手にもなった。夢を追いかけているうちに、その夢がどんどんふくらんでいったわけです。

やりたいことがたくさん出てきて、また追いかけていく。まるで夢がご褒美をくれるように、時たま願いが叶うことがあって、さらに夢を追いかける自信になっていくのです。

夢にリミッターをかけないこと。それが未来につながっていくと思います。

友人や親の意見を参考にするのは、やめよう

夢を持ったら、友人や家族の助言は聞かない方がいいとぼくはいつも言っています。たとえば、これまで出会った友人を5人思い浮かべてみてください。おそらく5人とも違う選択をして違う人生を歩んでいると思います。それくらい他人の意見というのは千差万別です。みんな、好みも違えば価値観も違います。そういう人たちの忠告を聞いても意味がないと思いませんか。

また、親の意見で自分の将来を決めてしまったら、きっと後悔することになります。最終的には自分で選んだことなのに「あのとき親がああ言ったから、こうなった」と親を責めたりしても何の解決にもなりません。もっと言えば、親を裏切るぐらいの気持ちがなければ、自分の夢を追うことはできません。

一方、親が子どもの将来を心配するのは当然です。けれども、親が経験したことと

子どもが経験することはまったく違います。そもそも時代が違います。昔は経済が右肩上がりで、良い大学を出て、一流会社のサラリーマンや公務員になっていれば、お給料がどんどんアップして家が持てたかもしれませんが、今はお給料も上がらず、家など持てるかどうかもわかりません。親の言う通りにしたからといって、幸せな生活が待っているとは限らないのです。

親ができること、それは子どもの夢を尊重することです。子どもの夢にケチをつけないことが親の務めだと思います。子どもの夢を壊して、後々、非難されるのは自分たちなのですから。

夢が見つからない人は、いろいろなことに手をつけてみる

夢のある人はそれに向かって突き進めばいいですが、夢らしい夢のない人はどうし

たらいいのでしょうか？

そういう質問がリスナーから来たら、ぼくはこう答えます。

「たとえば、宴会の場で、とりあえずビールからと言い、次にワインや焼酎、ウイスキーといろいろなお酒を飲むことがあります。これを〝チャンポン〟と言いますが、お酒に不慣れな若者は、このチャンポンをよくします。

夢の見つからない人は、これと同じように、いろいろなことにチャレンジしてみればいいのです。やってみないことには、それが好きかどうかもわかりません。

ときには悪酔いもするし、後悔することもあるでしょう。でも、そのなかには自分と相性の合うものがあるかもしれません。そうしたら、それを続けてみることです。本当に好きなことなら、きっと持続します。それが自分の夢になっていくのです」

実は、ぼくは子どもの頃、ウルトラマンが大好きでした。好きというより、自分自身がウルトラマンになっていました。親と一緒にバス停でバスを待っているときも、ウルトラマンになって「トォー！」とかけ声をかけて足蹴りしたこともあります。1

メートルも飛べませんでしたが、ぼくは大満足。なにしろ、自分はウルトラマンだったのですから。親も叱ったりはしませんでした。

ところが、学校に行ってそれをやったら、とたんに担任に怒られました。「レーザービームだ！」と言うと、バンッと後ろから叩かれて、ぼくのウルトラマンの変身は失敗に終わってしまったのです。

おまけに、通信簿には3と4が並び、「協調性がない」などと書かれていました。親からはさすがに「もっと勉強しろ。友達と仲よくしなさい」と怒られ、子ども心に「もう、ウルトラマンにはなっちゃいけないんだ」と思うようになったのです。

すると、自分のやりたいことがどんどん失せていってしまったのです。自分の気持ちより、親や先生から喜ばれることをやるようになってしまう。その結果、いつの間にか夢が消えてしまったのです。

自分の「できる」ことだけやるようになると、「やりたい」ことは忘れてしまうものです。そして、自分がやれる安全圏内で満足してしまう。それが今の日本の教育だと思います。

ぼくの場合は、幸か不幸か、学校の先生に「きみにはいくらがんばっても100点はあげられないよ」と言われたのがきっかけで、「いい子」になることをやめました。でも、今はそれでよかったと思っています。いい子より、やりたいことをやる素直な子の方が夢に近づくことができますからね。

今夢がないという人は、もう一度、探せばいいのです。夢は逃げていったりはしません。諦めずに探せば、きっと見つかります。

夢はもっと自由であっていい

日本に住んでいると「おかしいな」と思うことが多々あります。子どもの頃、学校には通学路があって、そこを通らないといけないことになっていました。今はどうかわかりませんが、自分の歩くルートまで規則で決まっているなんて、安全対策とはいえ、おかしいと思いませんか？

もし、途中でトイレに行きたくなったら、どうしたらいいのでしょう？　公園の公衆トイレに行こうと思ったら、通学路ではない道を行くことになります。友人宅のトイレを借りるにしても、通学路から外れてしまいます。

国籍のことであれこれ悩んでいたせいか、そんな些細なことにも疑問を持つようになっていたのです。

その最たるものは「制服」でした。最も色に敏感になる思春期に学生服という黒一色の制服を着せられたのです。他の学校では、紺色やグレーでしたが、いずれにしても、色彩感覚を養えるとはとても思えません。

夏休みになると服装が自由になるので、安い洋服屋さんでサマーパンツなどを買うのですが、どうやって穿きこなせばいいのか皆目見当がつきませんでした。何色のシャツを着ればいいのか、さっぱりわからないのです。要するに、コーディネートができないんですね。もったいない思春期を過ごしているなあと思います。

銀座のクラブで黒のタキシードを28年間着ているというポーターさんがいました。

「毎日、それを着ていると、私服を着るとき迷いませんか？」と尋ねたことがあります。返事は「カラフルな色を選ぶのは無理ですね。ついつい黒っぽいものを着てしまいます」というものでした。

銀座で歩行者天国が始まったときに、ビルの2階の喫茶店からその様子を眺めていると、道行く人たちがまるで葬式の行列のように見えました。黒やグレーの服装の人ばかりなのです。日本人は学校で制服を着るのが当たり前なので、どうしても黒やグレーなどの色を選んでしまうのでしょう。最近はカラフルな服装の人も多くなってきましたが、習慣というのは怖ろしいものだと思います。

よく「色気づく」といいますが、思春期のそういう時期に黒やグレーにしか出合えないというのは気の毒です。

その点、アメリカンスクールの子どもたちは自由な格好で通学していたので、洋服の色がまったく違っていました。カラフルで個性的でした。

思春期に同じ色の制服を着ていたせいだとはいいませんが、日本人は、他人と同じであることに固執し過ぎる嫌いがありますね。同じ格好をしていれば安全という無意識の防衛反応とでもいうのでしょうか。

他人の顔色をうかがうというか、何でも「右にならえ」で物事を決めてきたつけが回ってきたのです。夢を持つ年頃になっても、人と違う夢を持つことを躊躇してしまう。もったいない。もっと自由な発想で夢を選んで良いのです。夢なのですから。

しかも中高年になると余計に人と合わせてしまう。目立つことを躊躇してしまう。もう気にするのはやめましょう。

カラフルな第二の人生を歩むことをお勧めします。

「感謝」には二つの意味がある

俳優をやっていると、いつの間にか、自己中心的でいけ好かない人間になっていることがあります。とくに主役になると「世界はおれを中心に回っているんだ」というぐらいの気持ちでやらないと、いい演技ができなかったりするので、その結果、自分が人より偉い人間のように勘違いしてしまうことがあるのです。

そういうとき、スタッフがぼくに対して、こびるような態度を取ったり、上っ面だけのお世辞を言って対応しているのがわかることがあります。ぼくは感受性が強い方なので、敏感に感じ取ってしまうんですね。

周りの人間が自分に対してイエスマンになっているときは、要注意です。そういうときは、自分が傲慢なエゴのかたまりになっていないか、自分自身に問いかけます。

ぼくにとってありがたいことは、俳優と同時に監督もやっているということです。昔の日本の監督のなかには、ふんぞり返って威張っていた人もいたようですが、今の時代、そんなことをしたら、役者もスタッフもついてきてくれません。当然、いい映画を撮ることなどできないでしょう。

映画を撮っているとき、ラッキーショットともいうべき瞬間があります。それは監督であるぼくの能力だけではなく、役者の能力だけでもなく、周りのスタッフ全員の能力が結集したときに得られるものです。このラッキーショットのおかげで、映画が評価されることもあります。

映画を作る責任者は監督ですが、決して監督個人のものではありません。みんなの力が集まって初めてできあがるものなのです。そういう気持ちで現場に立っていると、スタッフからいいアイデアをもらうこともあります。良い映画を作りたいという気持ちは監督も役者もスタッフも一緒なのです。

ぼくはいつも「感謝」の気持ちを大切にしています。一つは目の前の相手に対する感謝の気持ち、そして、もう一つは自分自身への戒めとしての感謝の気持ち。自分一人で映画を作っているのではない、生きているのではない、目に見えないけれども多くの人の力をいただいていることを忘れてはいけない。この二つの「感謝」の気持ちを意識して持つようにしています。

ぼくは思うのですが、「感謝」の気持ちのない人には「運」もついてこないのではないでしょうか。ぼくの周りの人を見ていると、どうもそう思えるのです。独りよがりな人はどんなに才能があっても、なぜか運から見放されてしまうんです。逆に言うと、運というものは相手に素直に「ありがとう」と言えるかどうかで、手に入るものなのだと思うのです。

自分を「信じる」ことの大切さ

自信がないから思い切って新しいことが始められないという人がいます。自分を信じることと、できるかどうか不安だからしないということとは違います。できるかどうかを気にしすぎているのです。できなくていいのです。やりたいかやりたくないか、それだけを考えましょう。そして、やると決めたら、その自分の決意を信じてあげましょう。

「信じる」という行為はとても大事なことだと思います。自分で何かを成そうと思ったら、まず自分を信じなければ行動を起こすことはできません。

ぼく自身も自分を信じていたから香港に旅立つことができたし、そこからフィリピンに行って運が開けた。なりたかったアクション俳優にもなれたし、監督になって映画で人を感動させることもできました。自分を信じたから、夢を実現できたのだと思います。

そして、今、ぼくは夢を実現できたことに感謝しています。自分を信じることから始まり、誰かを信じることによって物事が進み、そこに感謝することで運がついてくる。これはプラスのトライアングルみたいなものだと思います。

夢の実現の過程では人に裏切られるとか、運に見放されることもあるかもしれませんが、それでも自分を信じて前に進んでいく。周りの人を信じて感謝して諦めずに前に進む。そういう強い気持ちがあれば、結果的に運もついてくるのではないかと思うのです。

人生は自転車をこぎ続けるようなもの

ぼくの人生は、子どもの頃にダンスを始めたときから、ずっと自転車をこいでいるようなものです。ダンサーから俳優、監督と夢が変化してもこぐのをやめませんでした。

一度止まった自転車から、もう一度こぎ出そうとすると、最初の一こぎがすごく重くて、きつい。「よっこらしょ」と力を入れないとこぎ出せません。こんなにきつい思いをするなら、ずっとこいでいる方がましだと思うほどです。

もちろん、こぐのが辛くなって止まりたくなることもあります。

実際、ぼく自身、後悔したことがあります。ぼくの場合、常に映画作りのことを考えていて、作品を撮っているとき、すでに次の作品の構想を考えています。そうやってこぎ続けていくことが自分の映画作りのパターンになっているのです。

けれども、あるとき、すごく辛くて、自転車をこぐのをやめてしまったことがあります。そうしたら、思考のリズムがズレてしまって、次の作品のアイデアがまったく浮かばなくなったのです。これには参りました。このとき、続けることで感性を鈍らせずにいられるのだと、あらためて痛感したのです。それ以来、ぼくは自転車をこぎ続けています。

今はイギリスで映画を製作していますが、すでに書いたように、認知症患者同士の恋愛を描くという構想で、その先の計画も実はあります。常に考えて次々と実行に移しているので、オーバーワークになることもありますが、立ち止まるよりは、断然、今のやり方の方が自分に合っていると思っています。

ぼくが若い頃、父親の軽トラックを運転したときのことです。普通に運転しているのに、なぜか、車体が安定せずにふわふわするのです。「どうしてだろう」と父親に尋ねると、「それは荷台に何も載せていないからだ」と言われました。

つまり、荷台が軽いと安定しないのです。「トラックは荷台にモノを積むようにできているから、荷を積まないトラックは安定しないのだ」と父親に教わりました。そのとき、「なるほどなあ。人生と同じだ」とぼくは思ったのです。

たとえば、夢を実現させよう、させなくてはならないと思うと、それがプレッシャーになります。プレッシャーは肩に重たく感じることでしょう。

けれども、空のトラックを走らせたらふわふわするように、夢に何のプレッシャーもなかったら、どこに飛んでいってしまうかわかりません。荷台にモノを載せているからこそ、安定してまっすぐに走れるわけです。夢も適度にプレッシャーがかかっているほうが、夢に向かってまっすぐ進んでいけるのです。

主役は寿命が短く、脇役は息長く活躍できる

ラジオのリスナーからの質問で、こういうものがありました。

「自分は仕事が好きだけれども、同期や後輩に比べて要領が悪く、出世が遅くなりそ

うなのが悩みです。どうすればいいでしょうか？」

　これに対して、ぼくは「職場の中心人物になる必要はなくて、サポート役に徹するという道もあるよ」と答えています。

　われわれの業界には「主役というのは寿命が短いけれども、脇役というのはずっと長く活動していける」という法則のようなものがあります。名脇役という言葉があるように、映像の世界にはなくてはならないものなのです。この脇役がいるから、主役の演技が映えるということもあります。

　必ずしも主役になることだけが成功ということではありません。脇役でも好きな演技ができるなら、それで十分ではないでしょうか。

　それに、脇役でも見てくれている人はいます。たとえば、映画祭やアカデミー賞などには、助演女優賞や助演男優賞という賞があります。決して主役だけが脚光を浴びるわけではないのです。役者のなかには、主役より脇役の方がおもしろいという人もいます。脇役には脇役の魅力があるのです。

人の能力は考え方次第だと思います。

そう考えると、1番というのは何なのだろうと思いますね。1番が脚光を浴びるのは確かだけれども、2番にいたとしてもすごいことです。他人と比較して1番になる必要はないと思います。仕事が好きなら、それで十分です。出世することだけが幸せにつながるとはかぎらないのですから。

「ウサギとカメ」のカメはなぜ、勝ったのか?

誰もが知っている童話に「ウサギとカメ」の話があります。皆さんもよくご存じですよね?

この物語の内容は次のようなものです。

ノロノロと歩くカメに「こんな鈍足なカメに負けるはずがない」と油断したウサギが途中で昼寝をしてしまいます。その間、カメはただひたすら歩き続けました。ウサギが昼寝から目覚めて前方を見ると、もう、カメがゴールする寸前です。いくら俊足のウサギでも間に合いませんでした。

この噺、ウサギが油断して昼寝をしたからカメに負けたのだと解釈されています。

果たして、そうでしょうか？

ぼくはこう解釈します。ウサギはゴールを見ていなかったのです。競争相手のカメだけを見て「これなら楽勝だ」と思ったに違いありません。一方のカメはと言えば、競争相手がウサギだという意識は持っていなかったと思います。相手が足の速いウサギだとわかった時点で、闘う前から負けは決まっているようなもの。それで競争しようとしたでしょうか？　カメはただひたすら、ゴールだけを見ていたのです。他者のことなど気にしていませんでした。だから、ウサギよりも先にゴールできたのです。

これは人生訓としても通用する話ではないでしょうか？

自分の目標は何なのか、きちんと見定め、それに向かって突き進む。ライバルがいたとしても、その人が何をするかに気を取られることなく、やりたいことがあるなら、それを実行する。それが夢の実現には必要なことだと思います。

「一生懸命」の先の「必死」になれば、奇跡は起こる

よく「一生懸命にがんばれば、夢が叶う」という言い方をしますが、ぼくは「一生懸命」だけでは足りないと思っています。一生懸命にやって夢が叶うのであれば、ほとんどの人の夢が叶っているはず。なぜなら、みんな一生懸命にやっているわけですから。夢を持っている人で怠けている人なんて、ほとんどいないでしょう。

これはぼく自身の体験した話です。

子どもの頃、ぼくは結構、足が速い方だったのですが、クラスには横浜でも1位、2位を争うほど俊足の同級生がいたのです。それで、ぼくはいつも2番手に甘んじて

いました。

ある年の運動会のこと。前日にリハーサルをして、短距離競走もやりました。一生懸命にがんばって走りましたが、僅差で2位でした。このとき、ぼくは「やっぱり、こいつには勝てないや」と思ったのです。

けれども、自宅に帰ると、親がぼくに「明日の運動会、1等賞を取れよ」と言うのです。町内会ではすばしっこいと有名だったので、親も期待したのでしょう。それを聞いて、ぼくは自分より足の速い同級生がいることを伝えられませんでした。親のがっかりする顔を見たくなかったからです。


そして、運動会当日。短距離競走の順番が近づいてきます。保護者席でぼくの親が「がんばれー！」と大声を張り上げています。それを見たら「負けられない」と思いました。とにかく必死で走ろうと心に決めたのです。一生懸命ではなく必死でと。

スタートの合図とともに前に飛び出し、無我夢中でラストスパートをかけようとしたとき、すぐそばに足の速い同級生がいたのです。もう、必死になって走り抜けました。

そのとき、突然、周りの音が聞こえなくなったのです。まさに無音の世界でした。そして、ハッと気づいたら、担当の先生が1位の旗をぼくのところに持ってきたのです。そこで初めて自分が1位になったのだと気づきました。

ぼくは「奇跡が起きた」と思いました。今まで、どれだけ一生懸命に走ってもこの同級生を抜くことができなかったのに、必死になって走ったら追い越せたのです。必死になっているときって、周りの音が消えるんですね。

それはプールに潜ったときの感覚とよく似ています。プールで騒いでいる人たちのワーワーいう声が水のなかに潜ると、とたんに無音になるのです。まるで、この世に自分一人だけが取り残されたような感覚になります。

一生懸命に走っているときというのは、周りの声援が聞こえています。ところが、必死になると誰の声も聞こえなくなるのです。そういうときに、思ってもみない力が発揮されているのではないかと思います。

「一生懸命」じゃなく、その上を行く「必死」になれば、周りの雑音が聞こえなくなります。それくらいの気持ちで努力すれば、夢や目標に手が届くのではないかと、ぼくは信じています。たとえ小さなことでも、これまでの人生で必死になったことがありますか？

「労働」と「仕事」は違う

ぼくは「労働」と「仕事」を別の意味で使い分けています。労働は人から請け負うことを言い、仕事は自分から求めたものを言うと定義しています。

これはぼくの考えですが、人から請け負った労働は、やっぱり愚痴が出てきやすいし、不満も出てきます。けれども、自分から求めてやった仕事は愚痴が出てきません。なぜなら、自分が望んでやっていることだからです。この差は大きいと思います。

ぼくは自分が望んで海外に行き、アクションが俳優をめざし、フィリピンでそれなりの評価をもらい、今も監督として好きなことをやっています。そうなるまでには、人にだまされたり、お金をぼられたりと散々な目にも遭っていますが、自分で選んでやってきたことだから、後悔はしていません。

それは、労働ではなく、仕事だったからです。自分が求めたことだから、たとえ困難なことがあっても乗り越えられるのです。愚痴を言っているヒマがあったら、先のことを考えようと思います。

企業で働いている人でも、同じことが言えます。たとえ、上司から仕事を命じられたとしても、そこに自分なりのやり方や考えを取り入れれば、それは労働ではなく仕事になります。自分の意見を言ったり、企画書を提出したりして、それが認められれば、自分なりの仕事ができるのです。

自分がどこにいても、やり方次第、考え方次第で「労働」にもなれば、「仕事」にもなるのだと思います。

恋愛はセクハラとパワハラの連続？

2017年にアメリカの女優たちが映画プロデューサーをセクハラで告発し、ネットで「me too」運動を展開したことは多くの人の知るところです。それが日本にも波及し、さまざまな業界でのセクハラの実態が暴露されることになりました。もちろん、上司や客などが自分の地位や権力を笠に着て、自分の思い通りにするなどのセクハラ、パワハラをすることは許されることではありません。

ぼくも悪質なセクハラやパワハラに対しては断固として「ノー」と言うべきだと思いますが、何でもかんでも「パワハラだ、セクハラだ」と言ってしまう風潮には、どうなのかなあという疑問を持っています。

たとえば、会社の先輩が後輩に仕事に関する注意をしたとき、「それはパワハラです」などと言われたら、指導もできなくなります。もちろん、大勢の同僚がいる前で、大声で怒鳴ったりするのはどうかと思いますが、忠告したり、アドバイスすることは許されるのではないでしょうか。

また、職場で女性に「髪、切ったんだね」とか、「最近、きれいになったんじゃない？」と言うだけでセクハラと言われてしまう。それはちょっと行き過ぎなのではないかと思います。


そもそも恋愛に関していえば、パワハラとセクハラのオンパレードと言っていいでしょう。好きな相手に告白するときに「壁ドン」をするというのが、漫画などの描写で流行り、ドラマでもそんなシーンがあります。

これは男性が女性を窓際や柱などに追い詰めて、壁に手をドンとつくという行為のことですが、これが好きな相手なら何の問題もなく、女性の方もドキッとして嬉しく思うわけです。

ところが、相手が好きでも何でもない相手だったら、どうでしょう。パワハラ以外の何ものでもありません。女性は恐怖を感じることでしょう。

相手に好意を持っているかどうかで、パワハラかセクハラかの判断が違ってしまうのです。非常にセンシティブな問題だと思います。

恋愛なんて、パワハラとセクハラのてんこ盛りのようなものでしょう。ケンカをして「おまえなんか、女らしさのかけらもない」とか「男らしく堂々としててよ」などと言い争いになるかもしれません。こうした言葉の応酬もセクハラと言われれば、セクハラになります。

これからの時代は男女の仲も、男同士の付き合いでも、対応がむずかしくなるでしょうね。ちょっとつまらない世の中になったなあ、とも思います。

「正」という漢字に込められているもの

「正」という字は、「ただしい」と読みますが、漢字にすると「一つに止める」と書きますよね。それって、どういう意味だと思いますか？

ぼくの勝手な解釈ですが、「正」という字には、「自分の人生にとって大切なものにフォーカスを当て、それに向かって集中することが大事だ」という意味があるような気がします。つまり、「一つにとどめて突き詰めることが〝正しい〟」ことなのではないかと思うのです。

ぼく自身の経験でいうと、ダンスがまさに「正」を体現したものでした。10時間、12時間とぶっ通しで踊っていたこともあれば、踊りながら、疲れ果てて、その場で寝込んでしまったこともしょっちゅう、ありました。

ダンスに集中しているときは、他のことは一切、考えませんでした。この期間は恋愛もせず、ただひたすら、ダンスのことだけ考えていたのです。それ以外は雑音でしかなかった。

ぼくが言いたいのは「やりたいことがあるなら、夢があるなら、それくらい集中してやった方がいい」ということです。そうすれば、何らかの形になります。すると、それが自信になり、次につながっていくのです。

野球でも「一球入魂」という言葉があります。これは一球一球に魂を込め、集中して投げることを言います。野球の世界で生まれた造語ですね。

人生は一度きり、やりたいことに集中して取り組めば、新しい世界が開けると信じています。

孤高のてっぺんより、大勢で盛り上がる方がいい

よく夢や目標を掲げたときに「壁を乗り越えて1番をめざそう」と言う人がいます。けれども、ぼくの考えは違います。壁を乗り越えるのではなく、ハンマーで穴を開けてしまえばいいのです。

そういうことを言うと「壁に穴を開けたら、みんなが入ってきてしまうじゃないか。2番、3番と続々とライバルが来てしまう」と反論されます。

ぼくはそれでいいと思います。孤高の1番なんて、辛いに違いありません。壁のてっぺんに一人で立っていたら、風当たりが強くてふらふらしてしまいます。目立ちすぎて、何かあれば、すぐに叩かれてしまうでしょう。

それよりも2番、3番と続く人がいた方が、1番であることが目立たなくて気持ちが楽になります。たとえ、その他大勢がいたとしても、1番は1番ですからね。それはそれで自信がつきます。

たとえば、ある街にそば屋ができたとします。その近くにもう1軒そば屋ができると、もともとあったそば屋は「どうして、そば屋がすでにあるのに、近くにそば屋を作るんだ?」と思うでしょう。そうこうするうちに、またそば屋ができます。そうすると、最初にそば屋を始めた店主は頭を抱えて、「もう、おしまいだ。つぶれてしまう」と嘆くかもしれません。

けれども、それはお互いをライバル視して、自分だけが儲けようと思っているから悩むのです。考えてもみてください。ぼくが育った横浜の中華街には、約250店もの中華料理店があります。それだけの数があったら、どんどんお店がつぶれているはずでしょう。

ところが、むしろ繁盛しているのです。なぜなら、お店がたくさんできると、そこには華僑の文化ができるからです。そうすると、お互いに食材を融通し合ったり、資金の調達を集団で交渉したりもできます。一人勝ちして儲けることはできないかもしれませんが、みんなで仲よく儲けることができるのです。

客の側からしても、遠いところのたった1軒のお店に行くよりは、たくさんお店のある場所の方が好みの1軒を探すことができ、ワクワクすると思います。ぼくなら、たとえ、ものすごくおいしい店だと言われても、2時間かけて1軒しかない中華料理店に行くより、たくさんお店のある中華街に行きますね。

ビジネスの世界でも、一人だけ超優秀なリーダーがいるチームより、それなりに優秀なリーダーがいて、部下が盛り上げていくチームの方が楽しそうだと思いませんか？　チーム全体の達成感もこちらの方があるに違いありません。

ぼくも監督として映画製作のチームを統率しますが、孤高の監督はめざしません。むしろ、バカなことをやったりして話しやすい雰囲気を作っています。その方がスタッフも意見を言いやすいし、全体の雰囲気もよくなるからです。

壁を上るよりは穴を開ける方が断然、メリットがあると思います。

成功したいなら、成功している人のマネをしよう

自分にやりたいことがあり、それに向かっているときというのは、不思議と同じように前向きに成功への道を歩いている人との縁に恵まれます。そういう人とはぜひともお近づきになりましょう。プラスの運気というのは周りの人をも巻き込むものです。

ところが、当の本人は自分の状況に気づいていなかったりします。自分の仕事がうまくいっている時はちょっと冷静になって周囲を見渡してみましょう。きっとそこにはプラスの運気を持った、同じように前を向いている人がいるはずです。

これの逆で、自分が何をやってもうまくいかないことに、案外、気づいていないことがあります。やればできると思い込んでいたりします。また、マイナスの運気を持った人もいます。そういう人は仕事がうまくいっていないにもかかわらず、もっと大きなことに手を出そうとすることがあるので、要注意。調子に乗って行動をともにすると、痛い目に遭うことになります。

負け癖という言葉もあります。同じように努力をしているのに、気づいたらなぜか僅差で負けている。これが繰り返されると、知らない間に負け癖がついてしまいます。けれども、本人は気づかず、何をやってもうまくいかないと思っているだけのこともあります。

そういうときは、成功している人のマネをしてみることです。それまで持っていた自分の考え方や方程式をすべて捨てるのです。自分の考えで事を進めようとして失敗しているのですから、何度やっても、うまくいくはずがありません。

とにかく成功している人のマネをしましょう。そうすると、案外、うまくいったりします。他人のマネをしているわけですから、あまり感動はないかもしれませんが、とにかく勝ち続けることが大切です。どんどんマネていきましょう。

それを続けていくと、いつしか自分のものになっていきます。自分のスタイルができてくるのです。

石にかじりつくように自分の考え方だけに固執していると、うまくいかないものです。

夢や目標は人に宣言した方がいい

夢や目標を語ると「そんなのできっこない」と軽くあしらわれることもありますが、それを承知であえて人に宣言すると、否応なく、実行せざるを得なくなるという効用があります。

たとえば、友人に「100万円、貯めようと思う」と宣言したとしましょう。その時点でまったく貯金がなくて、その後、30万円貯まったとき、その友人に通帳を見せると、「まだ30万円か。100万円にはほど遠いな。まあ、がんばれよ」と言われます。

ところが、100万円が目標だと伝えていない友人に「30万円、貯まったんだ」と言うと、「それはすごいじゃないか。よく貯めたね」と褒めてくれます。そう言われると、人間は弱い生きものですから、魔が差すことがあります。「30万円も貯まったんだから、ちょっと寄り道して買いたかったステレオを買おうかな」などと思うかもしれません。

けれども、100万円を貯めるという目標を友人に宣言していたら、それが抑止力になります。「買いたいものがあるけど、100万円を貯めるまでは我慢しよう」と思えるのです。だって、ステレオなんか買ったら、例の友人から「なんだよ、100万円、貯めるって言っていたじゃないか。誘惑に負けちゃったのか」と笑われてしまうでしょう。

心に秘めて夢を追うのもいいですが、あえて周りに言うという方法もありだと思います。

目標に向かって努力することが大切

ぼくが小学生のときだったと思います。45点と赤字で書かれた算数のテスト用紙を家に持って帰ると、父親はショックだったのか「今日は3時間、勉強しろ」とぼくを叱りました。その日は泣きながら3時間がんばって机に向かい、その後も毎日、今度こそ100点を取ってやるんだと一生懸命勉強しました。

ところが、次のテストの点数は78点でした。ぼくはがっかりしました。「これじゃあ、また、おやじに怒られるな」と、重い足取りで自宅に戻りました。すると、どうでしょう。父親は叱るどころか、「よくがんばったな」と頭を撫でてくれたのです。

父親は100点満点のテスト結果を待っていたのではなく、ぼくのがんばりを褒めてくれたのでした。もちろん、100点満点だったら、その日の夕食にはエビチリが出たと思いますけどね。

そのとき、ぼくは「がんばることが大切なのだ」ということを学んだのです。たとえ100点が取れなくても、努力することが大事なのだと。ふだん勉強などしないぼくが、がんばって勉強したこと、この事実が父親にとっては嬉しいことだったのでしょう。そんな父親の姿に、ぼくも励まされ、何事にも一生懸命に取り組む姿勢ができたことを覚えています。

まだ夢に達していない、だから、無我夢中

ぼくは日本映画をヨーロッパの人たちに認めてもらいたいという夢を持っています。

今、イギリスに拠点を作り、イギリスのスタッフや役者を使って映画を撮っているのですが、これはこの夢を実現するための第一歩だと思っています。

日本のカルチャーは絶対、ヨーロッパのカルチャーに負けていない。アジアを下に見ている人たちの鼻をあかしたいという思いがあります。そのためには、まだまだやることがあります。イギリスでの映画上映に成功したら、もっと日本文化や日本人独特のエモーション、ぼく自身の感性を盛り込んだ映画を送り出したいと思っています。

当たり前に日本映画がヨーロッパの映画館で上映される、そういう状況を作りたい。夢のような話ですが、夢で終わらせるつもりはありません。

ハリウッド映画に出たときに「分厚いメガネをかけたコンピュータおたく」という、アメリカ人が思うステレオタイプな日本人を演じさせられそうになりました。そのとき、「これが外国人の日本人像なんだ」と思ったのです。けれども、実際の日本人はそうではない。このイメージを払拭したいと痛切に思ったのです。

ぼくは日本人だろうが、外国人だろうが、感情そのものは同じだと思っています。

ただ、その表現の仕方が、人種や文化によって異なっているだけなのです。親子の情愛や男女間の愛憎など、共感できるものはたくさんあるはずです。両方の文化に接してきたぼくだからこそ作れる映画があると思っています。少しでも日本の文化を紹介し、ぼくが描くヒューマニズムに感動してもらいたい。それを願って、夢の実現のために、それこそ無我夢中で映画作りをしています。

東日本大震災でぼくが思ったこと

2011年3月11日、東日本大震災が起きたとき、ぼくは大阪国際映画祭に参加するため、大阪にいました。ぼくの映画を上映している、まさにそのときに地震が起きたのです。大阪でもものすごく揺れました。映像がぐらぐらと揺れて、何が起きたのか一瞬、わかりませんでした。

地震だとわかったとき、「ぼくは逃げちゃダメだろう」と思いました。「建物がつぶれようと、自分の映画が上映されているのに、お客さんより先に逃げるなんてできない。死んでもここにいるしかない」と覚悟しました。

結局揺れは収まったものの、上映どころではなく、スタッフに誘導されて楽屋に行くと、テレビに津波の映像が映っていました。もう言葉もありませんでした。新幹線が止まり、東京に戻るのは大変でしたが、被災地の人たちの悲惨な体験の比ではありません。

この日のことは何度も振り返ることがあります。自分にできることは何だったんだろうと考えました。その結果は、やはり映画を作ることしかありません。

映画には希望や癒しの力があります。実際、「映画を観て励まされた」という人の声を聞くことも稀ではありません。

映画にはいろいろな可能性があります。ぼくは認知症をテーマにいくつかの映画を撮りましたが、今までの映画はわりとシリアスなものでした。けれども、次に撮る映画は「認知症の人でも恋愛はできる、普通の人のように暮らせる」という明るいものにしたいと思っています。希望のある映画にするつもりです。「認知症になったら終わり」と、むやみに老いることを恐れるのではなく、そうなっても自分の生きる道はあると思ってほしいのです。認知症の人やその家族の心に灯火《ともしび》を点《とも》せるような映画を撮りたいと考えています。

そして、観終わったときに笑顔で前を向けるような映画を作っていきたいと思っています。

映画はメッセージ、音楽は心の豊かさを表現するもの

ぼくには役者以外にミュージシャンとしての顔もあります。自分でも歌を歌うし、映画音楽の作詞・作曲もします。音楽には「心の豊かさを広げてくれる力がある」と思います。メロディーによって心が癒されたり、歌詞によって励まされたり、新しい

感情が湧いてくることもあるでしょう。音楽は心を豊かにしてくれます。

映画の撮影中、役者が演技をしているときに音楽は入っていません。ところが、編集の段階で音楽を入れると、思いがけず情感が広がります。

たとえば、「きみのことを好きだよ」というシーン、「もう会えなくなるね」というシーン、「さあ、明日からがんばるぞ」というシーン、どんなシーンであっても音楽が入ることによって、その場面の印象が際立ちます。モノクロがカラーに変わるようなインパクトがあります。

それくらい映画音楽には力があるのです。音楽には人の心の琴線に触れるものがあるのだと思います。

小さい頃からダンスが好きだったこともあり、音楽はいつも身近にありました。映画を作るようになって、音楽を知っていることは大きな武器だと思えるようになりました。これまで好きでのめり込むように身につけたものは、全て今の仕事に生かされています。映画でメッセージを伝えたいと考えるようになり、その表現を豊かにしてくれる映画音楽にも深く関わっている。今の仕事は本当に天職だと思えてなりません。

老いることは終わりではない

今のぼくは夢を追って無我夢中でいるわけですが、「自分の老い」について尋ねられたら、5年前と今とでは答が違っていると思います。5年前だったら「夢を諦めたときに老いを感じる」とか、「無我夢中の状態でなくなったとき」とか「夢が完結したとき」などと答えたと思います。

けれども、今は「老いることは終わりではない」と思っています。

体力の衰えはどうしてもあるでしょう。それでも、テニスやゴルフをして楽しんでいる高齢者の方はたくさんいらっしゃいます。勝ち負けやスコアだけでない、ここまで絆を築いてきた仲間との時間を心の底から楽しんでいる様子です。長年生きているので話題も豊富になり、失敗も経験しているので寛容さも身についています。老いて思うように動けないことを笑い話にし、彼らは彼らなりに老いを楽しんでいるように見えます。

老いることはマイナスだととらえられがちですが、「見栄」や「気負い」などがなくなるというプラスの面もあります。ぼくも若い頃は、むやみに格好をつけたりしたこともありましたが、今は奇をてらわず、本当にやりたいことに邁進できていると思います。

それに「人生の残り時間がわかる」ということもプラスに働いています。若い頃は時間が無限にあるように思っていましたが、歳を取ると時間は有限なのだと思い知らされます。それは自分にとってはいいことで、やりたいことのピントを合わせやすくなったと言ってもいいのかもしれません。昔は「いつかやりたい」と言っていましたが、今は「〇年後までにはやる」と断言するようになりました。

残りの人生が見えてきた分、自分でゴールを決めてそれに向かっていく。それは「老い」のプラスの面ではないでしょうか。

おわりに

最後に、ぼくを生み、育ててくれた両親について書こうと思います。

ぼくが、ある意味、破天荒な人生を歩んできたのは、この両親のもとに生まれたせいかもしれません。そもそも父親が今で言う〝やんちゃ〟な若者だったのです。

当時、日本には陸王という、アメリカのハーレーダビッドソンの製造元からライセンスを受けて生産されたバイクがあり、父親はそれに乗っていたのです。しかも、ただ乗っていただけではありません。公道を超高速で乗り回すカミナリ族のリーダーだったのです。

当然、普通にツーリングするわけはなく、公道で白バイを待ち伏せし、白バイを追いかけ、追い抜いた先で一服するという危険な遊びをやっていたのです。そんなことをして捕まらないわけがありません。

ところが、ここからがおもしろいところなのですが、白バイの教習所の教官にさせられたのです。バイクの運転の腕を買われたのでしょうか。詳しいことはわかりませんが、カミナリ族のリーダーが教官になるなんて、びっくりです。当時はそんな粋な警察官がいたのでしょうか、若者の更生をこんな形でしたのでしょう。

そして、その頃ぼくの母親と知り合い、付き合うことになったのですが、デートと言えば、やはりツーリングです。あるとき、彼女を後ろに乗せて鎌倉に向かったのですが、信号待ちで後ろを見たら、彼女がいなかったのです。焦った父親が来た道を戻ると、道端に意識不明で倒れていたそうです。

当時は、女性がバイクに横座りするのが流行っていて、父親にがっちりつかまりきれなかったんですね。それで、振り落とされてしまったようです。救急車で病院に運ばれて、三日三晩、意識不明の重体。病室には、彼女の家族や親戚が集まってきて、罵倒の嵐だったそうです。

そのときの父親の心境はどんなものだったのか、知るよしもありませんが、彼女の意識が戻ったとき、「結婚する」と宣言したのだそうです。こうして、中国人のクォーターである3人の息子が生まれたわけです。

そんな父親と結婚した母親は、今も健在ですが、生け花の師範で個展なども開くアーティストとして人生を楽しんでいます。わりと気も強くて、ぼくが宿題をしているときに居眠りをすると、バケツで水をかけられたこともあったほどです。


考えてみると、似たもの夫婦だったのかもしれません。この両親に育てられたから、今のぼくがあると言ってもいいでしょう。紆余曲折を経て、映画監督になり、海外の映画賞を受賞することもできました。

ここまで育ててくれた両親には感謝の言葉しかありません。この場を借りて「ありがとう」と伝えたいと思います。

そして、最後までお付き合いいただいた読者の皆様にも感謝いたします。ぼくの体験が少しでも生きる力になれば、とても嬉しく思います。

ジャッキー・ウー

ジャッキー・ウー
Jacky Woo

中国系2世の父親のもと、横浜で生まれ育つ。

長年抱き続けてきたエンタテインメントの世界への夢と、〝アジア〟への熱い思いから、1996年に日本を離れ、香港を皮切りに新たなキャリアをスタート。アジア各国でさまざまな人との出会いを重ねつつ、自らも演技・アクションへの造詣を深める。

1998年にフィリピンに渡り、ハリウッド映画『地獄の黙示録』『プラトーン』等に関わった映画製作スタッフとの出会いを経て、プロデューサーとして映画『TOTAL AIKIDO』の製作を始めるが、監督の熱望で、自らが主役として出演することとなる。

結果、この作品が多くのフィリピン人の心を摑み、その後次々と映画に出演。

さらに、フィリピンでは歌手としても活動し「ゴールド・ディスク賞」も受賞している。

その他、中国、台湾、韓国などの映画に出演。中国と香港の合作映画『少林キョンシー』は中国でブームになり、世界60カ国で公開された。この映画がハリウッドの映画関係者の目に留まり、ハリウッド映画デビュー。映画『炎のランナー』の主役、ベン・クロスと『ミッション・トゥ・アビス』で共演。

2013年、プロデュース・出演映画『DEATH MARCH』がカンヌ国際映画祭で入選するなど、ヨーロッパの映画祭でも評価され、拠点をイギリスに移し活躍。

「ミラノ国際映画祭」「ロンドン国際映画祭」「ニース国際映画祭」と異なる国で、異なる作品で、最優秀外国映画主演男優賞を受賞。欧州3冠を達成する。

キセキを起こす人になれ

2021年1月15日　第1刷発行

著　者　ジャッキー・ウー
発行人　見城 徹
編集人　福島広司
編集者　鈴木恵美

GENTOSHA

発行所　株式会社 幻冬舎
〒151-0051　東京都渋谷区千駄ヶ谷4-9-7
電話　03(5411)6211(編集)
03(5411)6222(営業)
振替　00120-8-767643
印刷・製本所　図書印刷株式会社

検印廃止

ISBN978-4-344-03745-8　C0095
幻冬舎ホームページアドレス　https://www.gentosha.co.jp/

この本に関するご意見・ご感想をメールでお寄せいただく場合は、
comment@gentosha.co.jpまで。